U0895421

2009 年中国游戏产业报告

（摘要版）

2009 China Gaming Industry Report

（Abstract）

中国版协游戏工委　国际数据公司（IDC）

中国人民大学出版社

·北京·

《2009年中国游戏产业报告》（摘要版）

调查和编制人员名单

支 持 单 位：中华人民共和国新闻出版总署科技与数字出版司

主 办 单 位：中国版协游戏工委（GPC）

数 据 分 析：国际数据公司（IDC）

官 方 网 站：游戏产业网 www.cgigc.com

网 络 媒 体：人民网　新浪网　17173.com　178.com

专 家 顾 问：寇晓伟　武连峰

编委会主任：刘杰华　徐　立

编委会成员：陈　昊　陈振宇　马剑锋　谭　斌　唐　亮　叶明东　张培骜　郑　南　朱　克

Game

目　录

第 1 部分　调查背景

第 2 部分　中国互联网环境

第 3 部分　中国游戏产业分析

第4部分 中国游戏产业衍生行业分析

第5部分 中国网络游戏用户构成分析

附　录

第 1 部分　调查背景

中国游戏产业调查是在新闻出版总署科技与数字出版司的大力支持下，由中国版协游戏工委（GPC）与国际数据公司（IDC）联合开展的面向整个游戏产业的年度调查活动。2004 年以来，中国版协游戏工委与国际数据公司立足于为企业、专业人士、公众全面了解中国游戏产业提供参考，专注于深入研究中国游戏产业管理政策与产业环境、科学分析产业现状与趋势、密切跟踪产业发展与创新，精心组织开展了 6 次中国游戏产业调查活动。在调查分析的基础上，2004—2008 年，发表了年度中国游戏产业报告。基于中国游戏产业调查报告数据翔实，统计分析方法科学，全面反映产业现状，预测发展趋势与实际发展基本相符，中国游戏产业报告的科学性、专业性、权威性得到充分认可，报告数据和分析结论被国内外研究机构和新闻媒体广泛引用，成为中国游戏产业的第一手专业研究资料，也是企业与公众了解中国游戏产业的重要参考，被誉为“中国游戏产业蓝皮书”。

2009年中国游戏产业调查分为游戏企业调查和游戏用户调查，于2009年10月15日启动，至2009年11月30日截止，历时1个半月，回收调查问卷总计约57万份，经统计分析，编制出版《2009年中国游戏产业报告（摘要版）》。

历年来，中国游戏产业调查得到了新闻出版总署科技与数字出版司等主管部门的大力支持，专家顾问寇晓伟、武连峰先生及时给予了指导，同时得到媒体、游戏企业、游戏用户的支持。在此，我们表示衷心的感谢！

Game

第2部分

中国互联网环境

2.1　中国互联网发展状况

网络游戏属于互联网应用之一，因此网络游戏用户一定是互联网用户。作为网络游戏用户的基础，互联网用户的发展对网络游戏用户的发展有直接的影响。

2009 年，中国互联网用户数达到 3.53 亿，比 2008 年增长 11.3%，2008—2014 年的年复合增长率达到 8.4%（见图 2—1）。中国互联网用户数的快速增长为网络游戏产业的发展奠定了良好的基础。网络游戏已经成为互联网领域最重要的应用之一。

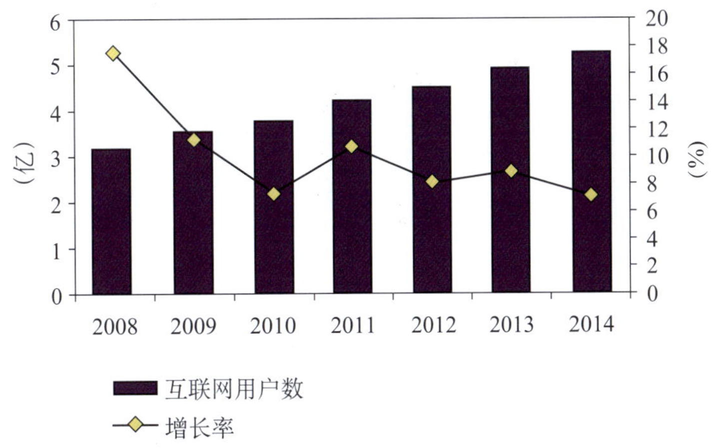

图 2—1　中国互联网用户数及增长率（2008—2014 年）

资料来源：GPC 和 IDC，2010。

2.2 中国宽带发展概况

2009 年，中国宽带用户数达到 3.3 亿，比 2008 年增长了 13.8%，2009—2014 年的年复合增长率为 8.7%（见图 2—2）。宽带用户数保持了较快增长。

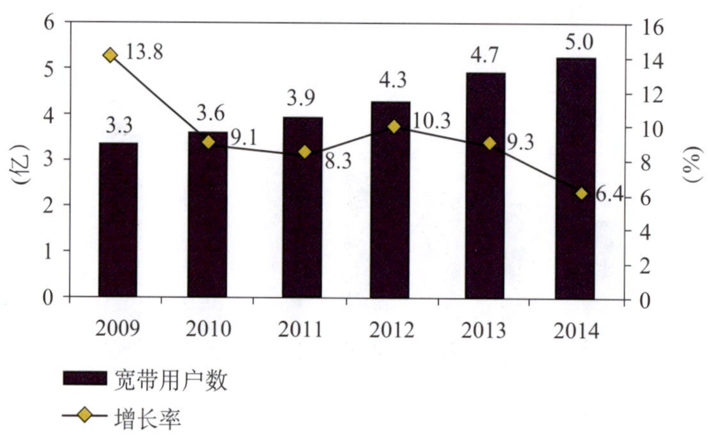

图 2—2 中国宽带用户数及增长率（2009—2014 年）

资料来源：GPC 和 IDC，2010。

Game

第3部分

中国游戏产业分析

● 2009年中国游戏产业报告(摘要版)

3.1 中国网络游戏产业状况

3.2 中国自主研发网络游戏行业状况

3.3 中国自主研发网络游戏海外市场状况

3.4 中国手机网络游戏行业状况

3.5 中国 PC 单机游戏行业状况

3.1 中国网络游戏产业状况

3.1.1 中国网络游戏产业发展历程

中国网络游戏产业发轫于2000年，经过十年的快速发展，网络游戏市场已经成为互联网市场规模最大的子市场。十年以来，中国网络游戏产业经历了三个主要发展阶段：产业萌芽期、产业起步期和快速发展期。

2009年中国网络游戏市场实际销售收入达到人民币256.2亿元，比2008年增长了39.4％，中国网络游戏市场依然保持较高的增长率，但增长速度有所下降，市场竞争格局相对稳定，前10名游戏运营商的市场份额接近85％。从未来发展趋势来看，行业平均盈利能力下降，新产品开发更为困难，行业进入壁垒不断提高。因此，预计中国网络游戏产业将从2010年开始进入更加平稳的发展阶段，并逐步迈入成熟期（见图3—1）。

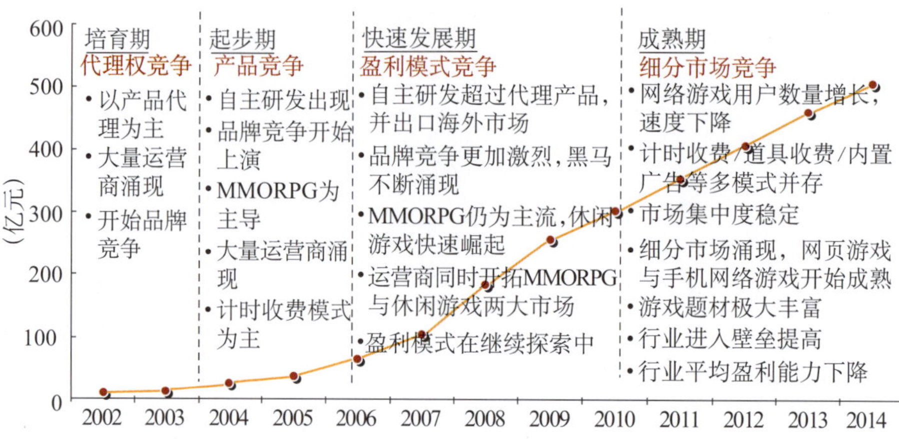

图 3—1　中国网络游戏产业发展历史与现状（2002—2014 年）

资料来源：GPC 和 IDC，2010。

中国网络游戏产业发展环境日益成熟，产业链也日益完善。目前，中国网络游戏产业链可划分为 4 个主要环节：游戏研发、游戏出版运营、通信服务平台、游戏衍生行业（见图 3—2）。

3.1.2　中国网络游戏用户发展状况

2009 年中国网络游戏用户数达到 6 587 万，比 2008 年增加了 33.46%。预计 2014 年中国网络游戏用户数将达到 1.23 亿，2009—2014 年的年复合增长率为 13.3%。数据显示，在预测期内网络游戏用户增长速度将高于互联网用户增长速度（见图 3—3）。

2009 年付费网络游戏用户数达到 3 715 万，比 2008 年增加了 22.1%。预计 2014 年中国付费网络游戏用户数将达到 7 528 万，2009—2014 年的年复合增长率为 15.2%。数据显示，在预测期内付费网络游戏用户增长速度将高于网络游戏用户增长速度（见图 3—4）。

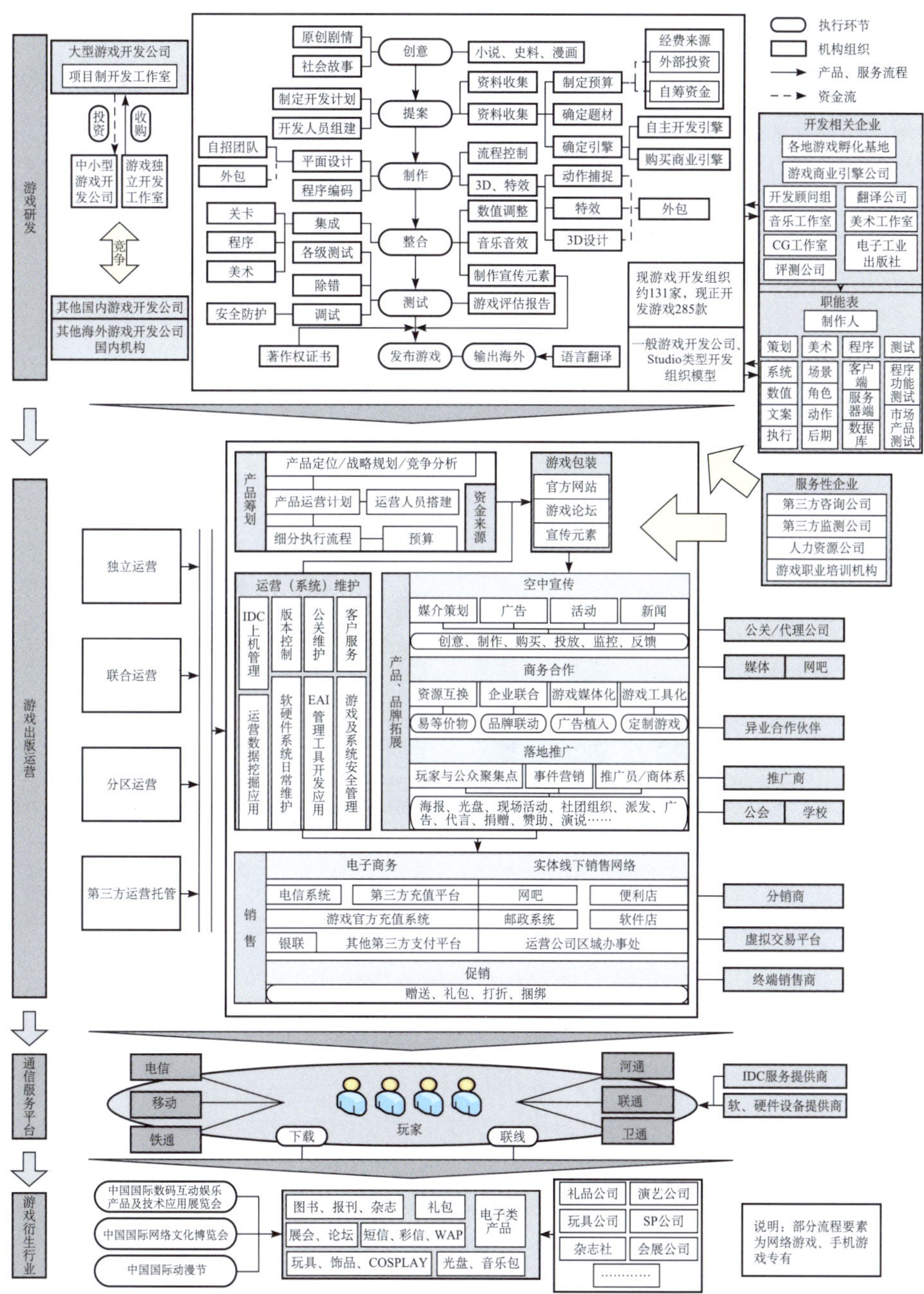

图 3—2　中国网络游戏产业链图

资料来源：GPC 和 IDC，2010。

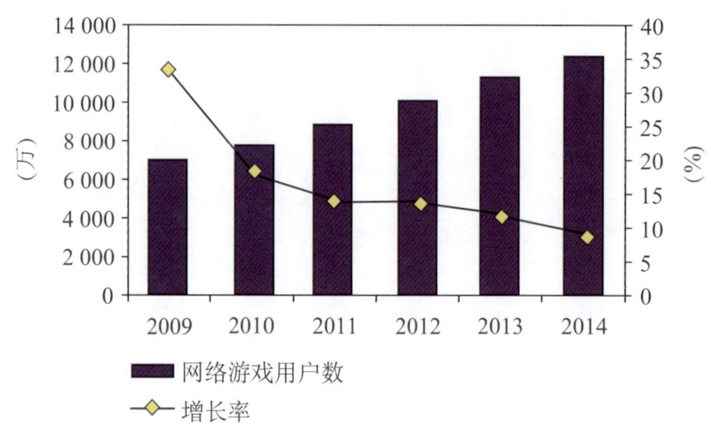

图 3—3　中国网络游戏用户数及增长率（2009—2014 年）

资料来源：GPC 和 IDC，2010。

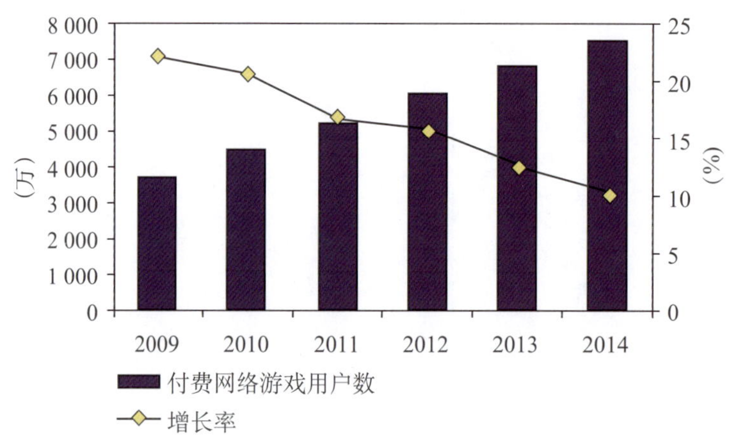

图 3—4　中国付费网络游戏用户数及增长率（2009—2014 年）

资料来源：GPC 和 IDC，2010。

3.1.3　中国网络游戏市场实际销售收入与预测

2009 年中国网络游戏市场实际销售收入为 256.2 亿元人民币，比 2008 年增长了39.4%。预计 2014 年中国网络游戏市场实际销售收入将达到 508 亿元人民币，2009—2014 年的年复合增长率为 14.7%(见图 3—5)。

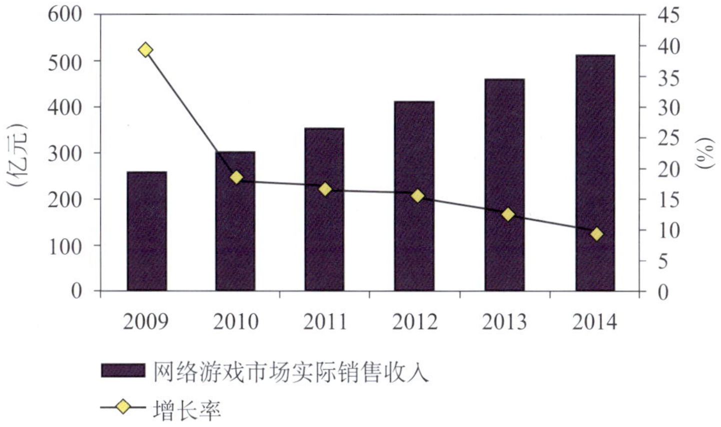

图 3—5 中国网络游戏市场实际销售收入及增长率（2009—2014 年）

资料来源：GPC 和 IDC，2010。

3.1.3.1 中国自主研发网络游戏市场实际销售收入与预测

2009 年中国自主研发网络游戏市场实际销售收入约 165.3 亿元人民币，比 2008 年增长了 50.1%，占中国网络游戏市场实际销售收入的 64.5%；中国自主研发网络游戏市场表现出强劲的增长趋势（见图 3—6）。预计 2014 年中国自主研发网络游戏市场实际销售收入将达到 830.3 亿元人民币，2009—2014 年的年复合增长率为 14.8%（见图 3—7）。

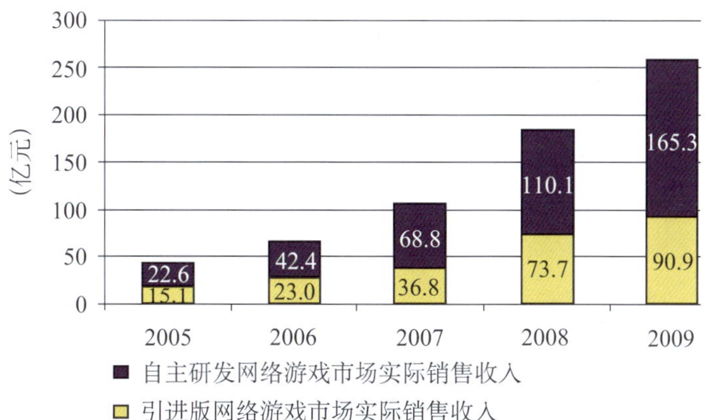

图 3—6 中国自主研发网络游戏市场实际销售收入（2005—2009 年）

资料来源：GPC 和 IDC，2010。

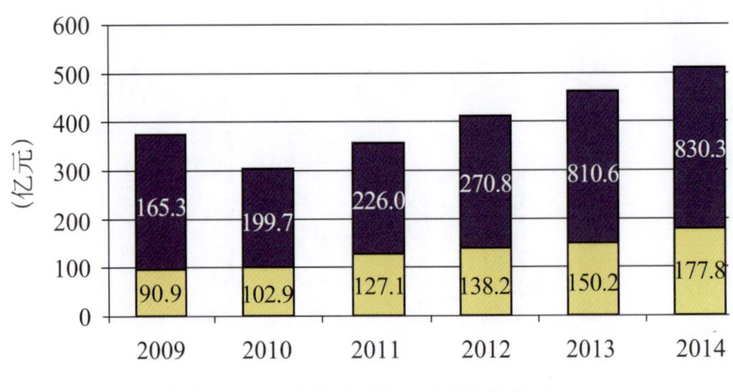

图 3—7 中国自主研发网络游戏市场实际销售收入（2009—2014 年）

资料来源：GPC 和 IDC，2010。

3.1.3.2 中国大型角色扮演类网络游戏市场实际销售收入与预测

2009 年大型角色扮演类网络游戏市场实际销售收入为 184.3 亿元人民币，比 2008 年增长了 22.2%。预计 2014 年的大型角色扮演类网络游戏市场实际销售收入将达到 344.5 亿元人民币，2009—2014 年的年复合增长率为 13.3%（见图 3—8）。

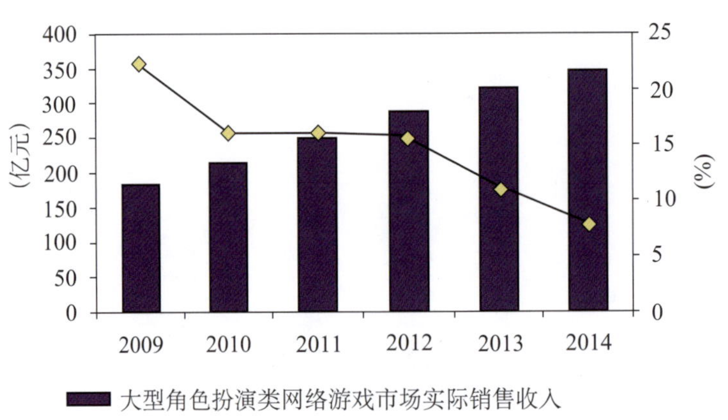

图 3—8 中国大型角色扮演类网络游戏市场实际销售收入及增长率（2009—2014 年）

资料来源：GPC 和 IDC，2010。

3.1.3.3 中国休闲网络游戏市场实际销售收入与预测

2009年中国休闲网络游戏市场实际销售收入为59.9亿元人民币，比2008年增长了112.4%。预计2014年中国休闲网络游戏市场实际销售收入将达到118.6亿元人民币，2009—2014年的年复合增长率为14.6%。在预测期内，中国休闲网络游戏市场增长较快，整体呈快速稳步增长的态势（见图3—9）。

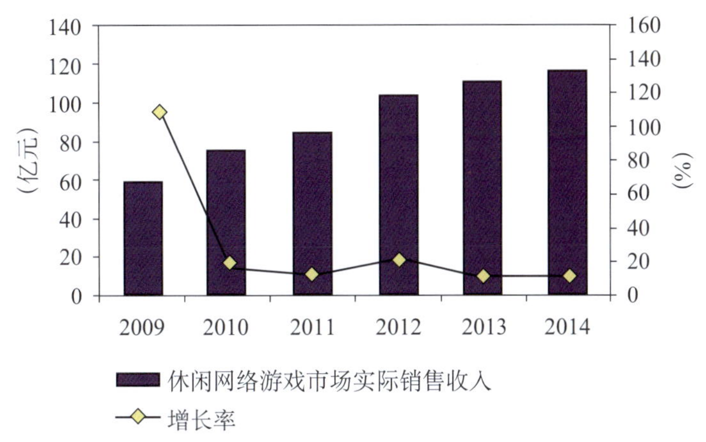

图3—9 中国休闲网络游戏市场实际销售收入及增长率（2009—2014年）

资料来源：GPC和IDC，2010。

3.1.3.4 中国网页游戏市场实际销售收入与预测

2009年中国网页游戏市场的实际销售收入为12亿元人民币，比2008年增长了150%。预计2014年中国网页游戏市场的实际销售收入将达到45亿元人民币，2009—2014年的年复合增长率为30.3%（见图3—10）。

3.1.3.5 网络游戏产业对关联产业的影响和贡献分析

网络游戏产业的发展，为关联产业提供了新的市场，带动了关联产业的发展。2009年，中国网络游戏市场实际销售收入达到256

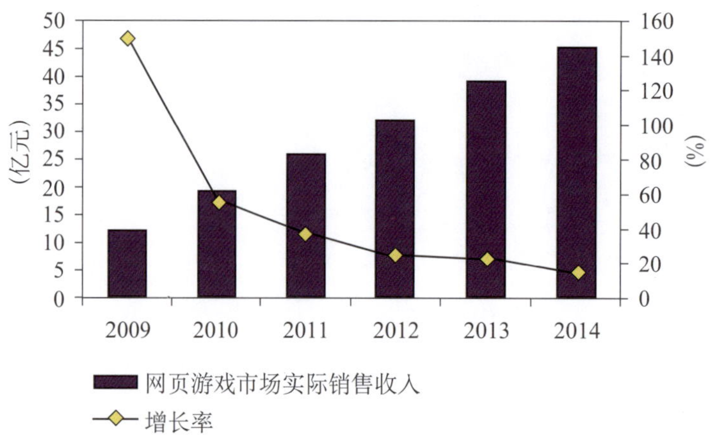

图 3—10 中国网页游戏市场实际销售收入及增长率(2009—2014 年)

资料来源:GPC 和 IDC,2010。

亿元人民币,比 2008 年增长了 39.4%;电信业务由此产生的直接收入达 369.1 亿元人民币,比 2008 年增长了 18.0%,为网络游戏市场实际销售收入的 144.2%;IT 行业由此产生的直接收入达 127.6 亿元人民币,比 2008 年增长了 13.5%,为网络游戏市场实际销售收入的 49.8%,此项收入的主要来源是 PC、网络游戏服务器、网络及存储产品、软件及服务等;出版和媒体行业由此产生的直接收入达到 58.2 亿元人民币,比 2008 年增长了 9.4%,其主要来源是相关网络媒体的广告销售收入(见图 3—11)。

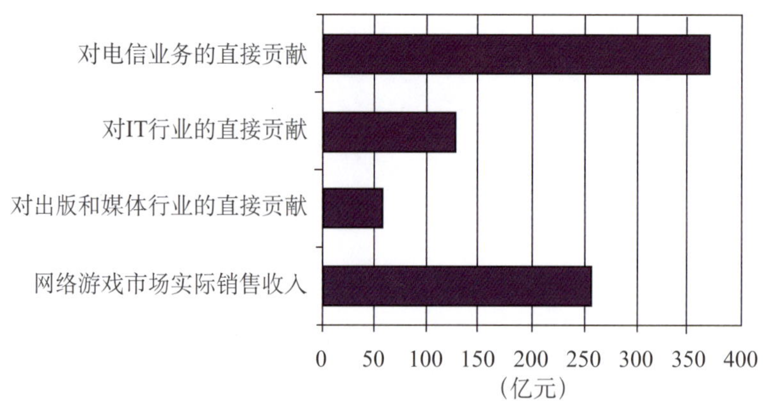

图 3—11 网络游戏产业对相关产业的贡献(2009 年)

资料来源:GPC 和 IDC,2010。

3.1.4 中国网络游戏产业的产业特征

3.1.4.1 国家大力推动网络游戏产业发展

国家大力扶持包括动漫游戏在内的数字内容产业的发展。2009年7月22日，为振兴文化产业，满足人民群众精神文化需求，国务院常务会议讨论并原则通过《文化产业振兴规划》。在此规划中明确提出文化创意产业要着重发展文化科技、音乐制作、艺术创作、动漫游戏等企业，增强影响力和带动力，拉动相关服务业和制造业的发展，同时提出要加快文化“走出去”步伐，制定《2009—2010年度国家文化出口重点企业和项目目录》，形成鼓励、支持文化产品和服务出口的长效机制，具有民族特色的网络游戏成为重点扶持项目之一。

3.1.4.2 政府管理部门加强力度规范游戏行业

2009年7月，新闻出版总署发布了《关于加强对进口网络游戏审批管理的通知》，明确了对任何欲在中国境内从事网络游戏出版运营的企业进行出版服务许可的前置审批。同年，新闻出版总署对进口网络游戏和国产网络游戏的出版运营情况进行大规模核查，开展了违法违规网络游戏专项整治工作。经总署前置审批或进口审批过的网络游戏如增加新版本、新资料片或者变更运营单位的，必须重新履行前置审批或进口审批手续，否则将按非法出版予以取缔。目前已经查处未经前置审批和存在色情、血腥、涉赌问题的游戏71款，其中查封进口游戏44款、停止运营15款、修改内容完成12款。

新闻出版总署明确要求出版运营网络游戏，包括客户端网络游戏、网页游戏、社区交友类游戏均须办理“一证三号”，即网络游戏出版许可证、版权证号、审批号、网络游戏出版号。2009 年 3 月，新闻出版总署、公安部、全国“扫黄打非”办和中央文明办召集网络游戏企业，传达了将严格推行网络游戏防沉迷系统、实施实名制的精神。

2009 年 1 月，国务院新闻办、工业和信息化部、公安部、文化部、工商总局、广电总局、新闻出版总署等 7 部门部署在全国开展整治互联网低俗之风专项行动，对包括网络游戏在内的互联网内容低俗问题进行严厉打击。

3.1.4.3 金融危机对网络游戏产业资本运作的影响有限

2009 年，在国际金融危机的背景下，中国网络游戏产业通过整合资源、创新运营模式等多种手段应对，依然保持了高速发展，率先走出金融危机。在此期间，金融危机对中国网络游戏产业的资本运作影响较小，中国网络游戏产业的风险融资、上市融资与并购活跃，并体现了投资主体、投资方式及投资领域多样化的显著特点；企业风险投资热情不减，大型游戏企业加大主业投资力度，国有企业也开始投资网络游戏行业；融资方式形成合作、收购、上市、分拆上市等多种渠道；社交游戏等新兴领域受投资商关注。

3.1.4.4 网络游戏带动的文化创意产业雏形初现

网络游戏是信息技术与文化相结合的一种新型文化产品，网络游戏产品中包含了文学、历史、地理、音乐、图像等多种文化知识，而网络游戏的实时互动与快速传播特性又对人们的意识、观念及价值观的传达产生了不可忽视的影响。

相比书籍、电影等传统文化主流产品，网络游戏具有强烈的参与性、互动性及拟实性，符合当前社会人们文化内容消费习惯。与此前众多经典图书改编成影视作品的历史进程类似，越来越多的经典图书与影视作品被改编成网络游戏作品。此外，网络游戏在一定程度上摆脱了盗版问题的困扰，在2010年，市场规模达到人民币256.2亿元，远远超过同年全国城市院线票房收入的62.06亿元，网络游戏用户数量已经达到6 587万人。网络游戏的影响力正在辐射到电影、音乐、广告、文学等传统文化娱乐领域，游戏运营出现文学、游戏、电影、动画、音乐以及游戏周边的组合营销形态。

网络游戏运营商在国内文化市场起到越来越重要的作用。网络游戏企业积极布局文化创意市场。2009年，盛大进一步加快了其“网上迪士尼”的战略布局，在网络游戏领域，将盛大游戏分拆上市，让其具有更强的独立性；在横向产业扩张上，盛大通过并购与合资的方式进入娱乐行业多个细分领域，如控股华友世纪、收购酷6网、与湖南卫视合作成立盛视影业，至此，盛大网络的业务范围已涵盖游戏、音乐、影视、文学和视频多个领域。盛大还在江苏无锡建设盛大主题公园，充分借鉴迪士尼模式开拓衍生品市场。

完美时空自2008年8月成立完美文化传播有限公司，依托游戏进入异业领域。2009年，完美时空开通“纵横中文网”并投拍爱情喜剧电影《非常完美》。

3.1.4.5　网络游戏市场产品多元化进程加快，休闲网络游戏市场快速扩张

2009年，国内休闲网络游戏市场规模也大幅增长至59.9亿元，同比增长136.5%。经过2008年的市场培育，横版格斗与第一人称射击成为2009年休闲网络游戏市场的热点。《地下城与勇士》及《穿越火线》两款产品的优异表现，让腾讯在休闲网络游戏市场的份额

迅速攀升。

网页游戏与SNS网站的结合催生了社交游戏的发展。上海五分钟网络科技公司开发了社交游戏《开心农场》，并通过与开心网、QQ空间、人人网等SNS网站合作，拥有了数千万的用户，其用户规模甚至超过了大型的网络游戏。

3.1.4.6　网络游戏企业社会责任感增强，热心社会公益事业

网络游戏企业一如既往地坚持使用新闻出版总署推动的网络游戏防沉迷系统，保护未成年人游戏用户身心健康，同时进一步融入国家政治生活：盛大董事长兼CEO陈天桥作为全国政协委员参加了十一届全国“两会”，建言献策；网易公司创始人兼CEO、网易公司首席架构师、中国IT业著名企业家丁磊，作为广东省人大代表出席广东省十一届人大三次会议。网络游戏企业热心社会公益事业呈现常态化。其中，腾讯公益慈善基金会规模将近1亿元人民币，基金会在五个方面发挥作用：致力于发展教育项目、扶贫救灾项目、推动企业责任建设、环保项目和腾讯员工志愿者项目。为了让更多的网民更为便捷地参与到慈善事业中来，腾讯选择了中国红十字会壹基金、爱德基金会，在公益网为这两家合作伙伴分别开辟了壹基金月捐计划、“E万行动—农村孤儿助养”两个项目来募集善款，而合作伙伴会通过书面协议的方式反馈给腾讯公益网自己所收到的钱的信息，让网民明明白白地看到自己所捐献的钱确实用到了实处。此外，盛大也一直从事回报社会的公益活动，2009年，盛大在台湾地震中捐款200万元人民币，支援台湾同胞，用于灾后重建。联众于2008年与中国红十字基金会共同成立了体育关爱基金，2009年4月，体育关爱基金在四川举行了启动仪式。

3.1.5 中国网络游戏产业的驱动因素

3.1.5.1 国家大力发展低碳经济给网络游戏产业带来新的发展机遇

低碳经济，是以低能耗、低污染、低排放为基础的经济模式，这既是中国负责任形象的展示，也是中国可持续发展、转变经济发展模式的历史机遇所在。作为中国文化创意产业的重要组成部分，网络游戏产业具有高附加值、高流通及高成长的特点，并且网络游戏产业以创意为源头，以内容为核心，基本不消耗物质资源或者只是消耗很少的物质资源，堪称“低碳产业”。

在国家大力发展低碳经济的环境下，网络游戏产业作为典型的低碳经济产业受到各级政府的大力扶持，可以预见国家大力发展低碳经济将给网络游戏产业带来新的发展机会。

3.1.5.2 “三网融合”形成网络游戏跨平台运营新的突破口

在国家政策的大力推进下，互联网、电信网与电视有线网“三网融合”将进入实施阶段，“三网融合”也给网络游戏产业带来一个更为广阔的平台。在“三网融合”的基础上，同一款游戏可以实现在电视、PC及手机三种不同设备之间的共享，这将有效扩大网络游戏的潜在用户群，促进网络游戏产业的快速发展。同时，“三网融合”也给广电系统企业进入网络游戏行业带来契机。

3.1.5.3 出版业转企改革促进网络游戏市场公平竞争

总体上，我国出版业从业主体体制结构呈现事业单位、企业并存，事业单位占主导和绝对多数地位的情况，这种情况在网络游戏出版业中恰好相反，网络游戏出版业以民营企业为核心力量。由于体制差异，在出版许可政策、参与出版市场竞争等方面网络游戏企业明显处于弱势地位。新闻出版总署在2009年出台了《关于进一步推进新闻出版体制改革的指导意见》，制定了《中央各部门各单位出版社转制工作基本规程》，同年453家出版社已完成或正在进行转企改制，全国1 000多种经营性报刊单位已经完成转企改制。我国出版业的改制工作有效地消除了从业主体差异，为出版市场的公平竞争铺平了道路，有利于降低网络游戏企业的出版市场竞争成本，增强网络游戏企业的出版市场竞争主动性。

3.1.5.4　互联网普及率升高拉动网络游戏用户数量稳步增长

互联网在中国的普及率还在快速提升，互联网基础设施的改善为网络游戏产业保持发展准备了条件。宽带普及、电脑终端升级使游戏过程更具体验性，宽带提供的大量数据的快速传输、电脑终端运算速度的提高能够让用户的游戏过程更加流畅，3D显示器产品的面世可以让用户获得更加身临其境的画面质感，这些都将提升网络游戏对用户的吸引力。从2010年起的未来5年内中国网络游戏用户将继续保持每年新增1 000万的趋势。

3.1.6　中国网络游戏产业的阻碍因素

3.1.6.1　网络游戏产业多头管理格局未得到有效改善

目前，我国对互联网管理采取通信、新闻、出版、教育、卫生等多部门分工协作、综合治理的管理模式，对网络游戏产业的管理也不例外。根据2008年7月中央办公厅颁发的“三定”规定，新闻出版总署负责在出版环节对动漫进行管理，对游戏出版物的网上出版发行进行前置审批；文化部负责动漫和网络游戏相关产业规划、产业基地、项目建设、会展交易和市场监管；国家广播电影电视总局负责对影视动漫和网络视听中的动漫节目进行管理。从具体实施上看，对网络游戏的综合治理难以达到预期效果，网络游戏研发完成、上网、内测、公测、稳定运营、更新版本等是一个连续且内容不断调整的过程，似乎更需要可持续的一体化管理。从管理职能上看，网络游戏的实际管理工作是以上网为节点分工管理，职能分工、管理边界、适用法规等的一致性、协调性问题导致了多头管理、重复管理的出现，增加了企业负担，影响到管理效果与效率，这一点在《魔兽世界》变更出版运营商一事上体现得尤其突出。

3.1.6.2 网络游戏管理法规发展远滞后于产业发展

一方面，遗留问题未得到解决。业内外、经营者与消费者最为关心的，应是网络游戏虚拟财产归属和管理权问题，由于这一问题虽经多年讨论，但尚未在法规层面得到明确，引发的网络游戏虚拟财产（如账号、道具、虚拟货币等）所有权属、权利认定、价值衡量、交换交易、侵权行为等方面的管理、经营活动困难重重，纠纷不断，近年来消费者关于网络游戏虚拟财产权的投诉呈快速上升趋势。另一方面，网络游戏的新业态及新业务的出现亟待有针对性的管理法规的出现。2009年，网页游戏、社区游戏取得了长足发展，确立了新业态，合作运营也作为一种新业务被广泛应用，原有网络游戏管理法规的不配套问题进一步凸显。

3.1.6.3 网络游戏内容与宣传推广“打擦边球”

从经济发展看，网络游戏是“眼球经济”。在网络游戏产业普遍存在不同程度的“打擦边球”的问题，特别是在宣传推广上，少数网络游戏企业甚至违法违规吸引消费者眼球，追逐经济利益，最肆无忌惮的是“私服”、“外挂”。这些做法终于导致2009年新闻出版总署等管理部门对“打擦边球”的行为进行严厉打击。“打擦边球”主要体现在色情低俗、博彩、恐怖暴力三方面，即网络游戏夹杂色情低俗、博彩、恐怖暴力内容，宣传推广渲染色情低俗、博彩、恐怖暴力的内容，以吸引游戏用户的眼球，达到让游戏用户长时间在线的目的。网络游戏内容与宣传推广“打擦边球”的这种挑战法规底线的行为无疑损害了网络游戏的文化艺术内涵，影响了网络游戏产业的健康发展。

3.1.7 中国网络游戏产业的发展趋势

3.1.7.1 鼓励发展、加强监管及保护未成年人合法权益并举

从未来的政策走向来看，政府部门将会继续加大扶持包括网络游戏产业在内的创意产业的力度，同时将加强管理，规范网络游戏经营活动。

在国家扶持创意产业发展的政策前提下，网络游戏产业的区域化优势凸显，基于网络游戏产业链不同环节的专业化市场进一步完善。如石景山区早在2003年就将文化创意产业作为产业转型的主导方向。2004年，石景山建设“北京数字娱乐产业示范基地”，成为北京市起步最早的文化创意产业聚集区。目前，石景山已经形成了以搜狐畅游、蓝港在线及千橡互动为龙头的网络游戏产业集群。

为促进网络游戏产业健康发展，政府管理部门有可能颁布增加监管全面性、针对性、可操作性的法规，如加强网络游戏行业管理的法规，加强对网络游戏新业态、新业务管理的法规，加强企业资质、游戏产品等审批监管的具体、透明、可操作性强的法规，在这

一过程中，充分保护未成年人的合法权益是重要出发点之一。

3.1.7.2 网络出版业法规建设进程可能加快

随着我国网络出版产业化的发展，网络出版业法规建设需求日益迫切，对网络游戏而言，主要体现在行业发展对出版经营、版权、虚拟物权三方面法规的需求上，其中虚拟物权尤其突出。超过半数的玩家有虚拟财产交易的经历，虚拟财产交易具有相当肥沃的生存土壤并促进了第三方交易平台的发展，虚拟物品交易的兴盛也产生了很多法律纠纷，政府管理部门已经开始研究虚拟财产相关法律法规的制定问题。与此同时，涉及网络游戏出版经营、版权管理的法规建设也纳入了政府部门的工作日程，可以预见，互联网出版管理规定、互联网游戏出版服务管理办法、网络游戏审批规则、网络游戏审查标准等会陆续发布。

3.1.7.3 国有资本采取强强合作模式进军游戏产业

2009年，中央电视台、湖南卫视、中影集团等国有资本都开始进入网络游戏行业，中央电视台与盛大联运网页游戏，湖南卫视借助金鹰网也推出网页游戏、体育游戏，中影集团则表示借助电影渠道逐步进军游戏产业。国有资本具有显著的资源优势，其品牌影响力、内容及版权资源、宣传推广平台等方面优势突出，而现有网络游戏企业则在游戏研发、运营、资本运作等方面具有成功的经验，面对快速增长的游戏市场，国有资本选择了强强联合的方式高效进军游戏产业。在2010年以后的一段时间，强强联合将成为国有资本进入网络游戏产业的主要模式，竞争格局将呈现强者更强、强弱差别加剧的局面，市场将进一步向优势资源集中，大型游戏企业的品牌价值和竞争实力将得到显著提升。

3.1.7.4 产业合作多赢的局面逐步显现

国内网络游戏企业正在由单一游戏经营转向多元文化娱乐经营。网络游戏与文学、影视、旅游及音乐等其他文化内容产业的合作正在成为一种大趋势。在2009年之前，盛大、完美时空等企业就开始在相关的文化内容产业进行投资布局，其中借助影视节目推广网络游戏更是成为业内通用模式。2009年，网络游戏企业加快了在相关文化内容产业的投资。2009年，盛大与完美时空先后进入影视行业，特别是完美时空投资拍摄的《非常完美》获得了5 000万元的票房收入。2010年4月，盛大与湖州市政府签署了旅游领域战略合作框架协议，盛大将重点投资旅游景区、休闲度假、主题公园、玩家体验等创新旅游产品，五年内投资总额达30亿元。淘米网络在2009年开展了一系列的《摩尔庄园》主题公园活动，受到众多儿童用户的喜爱。

可以预见，在网络游戏市场竞争日益激烈的状况下，对相关文化内容产业的投资在未来几年将逐步形成投资收益，游戏产业的带动作用将进一步得以发挥，合作多赢的市场空间将被打开。

3.1.7.5 中小网络游戏企业发展面临挑战

网络游戏产业资本的运作相当活跃，加之国有资本的进入，给中小网络游戏企业的发展带来了机遇与挑战。相对于大型网络游戏企业，中小网络游戏企业在研发、运营、市场推广经营上缺乏经验，需要更多时间尝试、学习，因此资金状况不佳往往成为企业的最大风险。活跃的资本运作给中小网络游戏企业提供了多种融资渠道，一个初具增长趋势的中小网络游戏企业常常会吸引诸多资本投资，甚至是兼并、收购。融资可以马上改善中小网络游戏企业的资金状况，甚至解决其生存问题，但同时意味着其管理权、控制的削弱，一旦选择不当，其在发展上可能会受制于投资商，体现在发展模式的被迫改变和拔苗助长上，给品牌培养与企业成长带来不利影响。国家对包括网络游戏在内的创意产业采取长期扶持的政策，基于网络游戏快速赚钱效应的融资会更加活跃，中小网络游戏企业融资促成长的风险也在上升。

3.2 中国自主研发网络游戏行业状况

3.2.1 中国自主研发网络游戏企业数量

2009年，中国网络游戏自主研发企业（不包含网页游戏研发企业）数量达161家，比2008年增长了22.9%。

从全国区域分布来看，北京地区的网络游戏自主研发企业数量达到47家，同比增长23.7%；上海地区的网络游戏自主研发企业数量达到37家，同比增长32.1%；广东地区的网络游戏自主研发企业达到25家，同比增长25%；福建地区的网络游戏自主研发企业数量为9家，同比减少25%，是全国唯一出现负增长的地区。

3.2.2 中国自主研发网络游戏行业从业人数

2009年，中国网络游戏自主研发从业人员数量达到27 909

人，比2008年的24 768人增长12.68%。其中，开发人员数量由2008年的14 599人增长到16 251人，增长了11.32%；而非开发人员的数量则由2008年的10 169人增长到11 648人，增长了14.54%。2009年非开发人员的增长幅度要高于开发人员的增长幅度，表明厂商在激烈的市场竞争下，转向加大对产品运营和品牌宣传的投入。

在开发人员中，策划人员数量从2008年的3 560人减少到2009年的3 227人，策划人数的减少在一定程度上反映了目前国内网络游戏在创意方面的薄弱。随着市场竞争的加剧，研发厂商更加注重游戏画面质量的提高。美工依旧占据研发三大分工的最大比例，总人数达到了7 012人，同比增长22.91%。

3.2.3 中国自主研发网络游戏产品数量

2009年，中国自主研发网络游戏产品总数超过321款，相比2008年增长35款。增长的产品除了来自完美时空、腾讯、金山、网龙等已经成型的大型网络游戏研发公司之外，不少是来自新成立的网络游戏团队。

2009年的新产品以武侠为主要题材，在经历了前几年对于西方魔幻题材的借鉴之后，国内的网络游戏研发企业越来越清楚坚持中华文化对于中国网络游戏产业的重要意义。在游戏类型上，RPG网络游戏依旧占据所有类型之首，即时制、回合制、FPS等网络游戏类型在今年也有多家网络游戏厂商进行探索和跟进。

3.2.4 中国自主研发网络游戏行业特征

3.2.4.1 新成立企业数量快速增加

2009年中国新成立的网络游戏研发企业数量达到创纪录的23家。在2008年金融危机的背景下，网络游戏行业成为投资资金的避风港；行业的高收益率也是吸引资金投资的主要原因。2009年新成立的网络游戏研发企业大多都有了一款已推出或者正在研发的产品，期待未来一至两年，这些产品能给网络游戏市场带来惊喜。

3.2.4.2 游戏研发企业向京、沪、粤三地集中

2009年中国网络游戏研发公司共161家，其中北京、上海、广东三地的网络游戏研发企业数量依旧占据前三甲的位置，北京地区增幅为23.7%、上海地区增幅为32.1%，广东地区增幅为25.0%。二线地区网络游戏研发人才的薪资水平与北京、上海、广州等大城市相比仍有较大差距，这在一定程度上导致了这些地区人才往大城市流动，也在一定程度上限制了这些城市的游戏产业的发展。

3.2.4.3 大厂商转向二线城市建立研发基地

随着北京、上海、深圳等传统网络游戏企业集中地的人才竞争日益激烈，研发人员的成本剧增，为了降低研发成本，减少研发人员流动，一线厂商纷纷把研发基地转移到成本较低廉的二线城市。而二线城市政府积极发展绿色产业，招商引资力度较大，在政策上更加优惠，这也更加吸引各大厂商到二线城市设立分公司。在这些城市中，以广东珠海和四川成都尤为引人注目。

2008 年年底在珠海挂牌成立的蓝港在线珠海子公司，将新公司定位为南部的研发基地，这是珠海在金融危机期间迎来的首家入驻的网络游戏新企业。在珠海起家的金山软件也在 2009 年搬入了新的珠海研发大厦。珠海巨人网络子公司——珠海征途信息技术有限公司的项目，于 2009 年年底正式奠基，该项目同时被誉为巨人网络的南方总部暨南方研发基地。

成都是西南中心，生活成本较低，高校众多，成为众多游戏企业研发中心选址的优良选择。目前，国内一线网络游戏企业如盛大、腾讯、巨人、完美时空、九城、光宇华夏等都纷纷在成都设立了研发中心。

3.2.4.4 从业人员收入增加，区域差距扩大

2009 年中国网络游戏行业的收入情况统计中，全国范围的统计数据与前几年相比差别不大，月收入在 3 500～5 000 元人民币的群体依然占据最高比例，占全国从业人员的 25.73%，较上届调查的数据略有增加。接下来是月收入 5 000～7 500 元人民币的行业人员，比例达到 23.1%，略微上升 0.2 个百分点。

在薪资待遇方面，北京地区、上海地区依旧领先于其他被调查地区，这也致使其他地区的中高级研发人才向京沪流动。川渝地区由于逐渐形成了产业集群，吸引了大量主要游戏厂商在成都、重庆等地建立分公司，也在一定程度上提高了业界薪资水平。而武汉、西安等中西部地区薪资水平仍旧处于低水平状态，这也是当地招聘高级人才困难的原因之一。未来随着大型企业纷纷在二线城市落户，也将在一定程度上拉高当地的薪资待遇水平，缓解地区差距。

3.2.4.5 大型企业产品影响力优势明显

依靠高额的研发投入与市场推广，大型企业拥有更多的资源来

开发与宣传产品。因此，在树立产品的影响力上，依旧是大型网络游戏企业占据优势。在2009年推出的自主研发产品中，市场反响比较热烈的有网易公司的《天下贰》和完美时空的《梦幻诛仙》，两款网络游戏在推出之后就获得市场的良好反响并赢得忠实的用户群。

3.2.5 中国自主研发网络游戏行业的驱动因素

3.2.5.1 网络游戏产业化发展进程加快

近年来，国内网络游戏行业发展迅速，行业产值持续增长，这引起了社会各界的广泛关注。先期发展起来的大城市的动漫游戏产业中长期发展规划得以实施，扶持政策措施陆续到位。在国家及地方政策的有力扶持和先导企业的带动下，北京、上海、广州等城市的网络游戏产业率先发展起来，国家第一批动漫游戏产业基地也落户在这几个城市。

3.2.5.2 地方政府对于网络游戏自主研发的大力扶持

随着国内网络游戏产业对GDP贡献的增大，产业发展获得了政府越来越多的重视。很多地方政府将游戏产业与动漫产业归为一体，开始重视发展动漫游戏这一绿色无污染的创意产业。2009年，不少地方政府对于网络游戏研发行业非常支持和重视。各地纷纷兴建软件园作为产业集中地，如北京“石景山产业园”、杭州“北部软件园”、厦门“软件园二期”、成都“软件孵化园”等产业园区。

3.2.5.3 中国传统文化对网络游戏用户的吸引力增强

2009年，传统文化对中国网络游戏用户的影响进一步扩大，有

44.5%的用户认为“中国传统文化”是其看重自主研发的网络游戏的最重要因素，相比2008年增长了12.3%。武侠类题材依然是中国网络游戏用户的最爱，57.1%的用户表示武侠类题材游戏是他们最喜欢的游戏题材。武侠文化在中国源远流长，这也充分体现了用户对传统文化题材游戏的偏爱。

3.2.5.4 高级人才回乡创业

2009年，各地都有不少的新生网络游戏企业，其中很多创办者都是从大型网络游戏研发企业离职创业的高级人才。在大型企业积累了足够丰富的行业经验之后，他们中的大部分选择了回家乡创业。与前几年的传统行业投资不同，这些新创业者往往拥有丰富的管理和研发经验，对于产品也有自己独到的见解，所带领的团队向心力极强。

3.2.6 中国自主研发网络游戏行业的阻碍因素

3.2.6.1 同类型网络游戏同质化严重

尽管目前市场上游戏产品的数量繁多，但精品屈指可数，产品同质化严重，单款网络游戏吸引力下降。2009年回合制MMORPG大量涌现，但成功产品很少。与此同时，同类型的网络游戏同质化严重，缺乏创新元素。一款网络游戏一旦成功，就会有不少研发企业迅速跟进，开发出同类型产品，争抢市场份额。这在一定程度上加剧了行业内的竞争。

3.2.6.2 恶性竞争阻碍游戏企业创新

在经历了连续多年的高速发展之后，网络游戏市场的竞争也不断加剧，甚至恶性竞争的情况也屡见不鲜。一是部分游戏公司在游戏内容上涉嫌抄袭；二是人才被“挖墙角”现象严重。团队整体跳槽的显现严重影响了游戏产品的研发，核心团队的变动往往给原来的游戏产品带来毁灭性打击。同时，恶性竞争也打击了企业的创新热情，从而造成行业内大部分新产品都是基于成功产品的模仿，从游戏策划、游戏运营到游戏推广都逐渐机械化与模块化，但是经过多年的培养，用户们已经从单纯的对游戏画面、操作感受的关注上升到对游戏文化内涵、经济体系以及客户服务等多方面的关注，因此缺乏创新的产品无法满足用户的需求，恶性竞争打击了游戏企业的创新精神。

3.2.6.3　缺乏高级人才是阻碍游戏行业发展的重要因素

虽然通过企业内部培训和外部游戏人才培训机构培训两种途径来解决这一问题已经取得一定成效，但是目前仍然无法满足网络游戏企业的人才需求。网络游戏是一个年轻的产业，传统的高校体系并没有专门针对网络游戏开班授课的经验，目前大部分游戏行业从业人士也是“半路出家”，而高校师资力量的培养需要一个漫长的过程，因此高校培养模式不能为网络游戏行业提供有力的人才支持。前几年网络游戏人才培训机构快速膨胀，事实证明“短平快”的培养模式也无法满足游戏企业对于人才的需求。而企业内部培养成本高昂，并面临被“挖墙角”的危险。因此，中国网络游戏人才的培养体系尚未建立，人才瓶颈也依然是自主研发网络游戏行业面临的瓶颈。

一些高校开展了游戏相关产业的教育和培训工作，但是这些高校培养出来的毕业生在人才实用性上并没有多少优势，教师缺乏实际经验、课程设置落后、实用性不强是主要原因。对此，不少网络游戏企业选择自己培养应届生，在公司内部也形成了比较完善的人才培养制度。同时，部分网络游戏研发企业选择与高校合作，进行人才的定向培养。但是，对于中小型网络游戏研发企业而言，自己培育人才尚不现实，因此，对于中国大部分的网络游戏研发企业来说，人才仍然是束缚企业发展的一大难题。

3.2.7 中国自主研发网络游戏行业的发展趋势

3.2.7.1 针对海外的研发产品增多，海外收益份额扩大

中国网络游戏厂商在海外市场的占有率进一步扩大。2009年，中国制造的网络游戏产品在北美、欧洲、东南亚网络游戏市场的份额均有不同幅度的增加，尤其是在东南亚市场，中国网络游戏产品已逐渐占据主导地位。许多大型网络游戏研发公司开始针对海外市场研发相关网络游戏产品，而海外市场带来的收益也逐渐在中国网络游戏公司的收益报表中占据一席之地。

3.2.7.2 研发人才成为企业竞争焦点，研发成本激增

2009年，网络游戏产业竞争的焦点仍然集中在产品上，而产品竞争的核心是研发人员，特别是高级研发人才。为了提升产品质量，一方面，研发企业竭尽所能保留现有的高级研发人才，另一方面，研发企业通过各种渠道来吸引行业中具有丰富经验的高级人才加盟。因此，各大研发企业之间对于高级研发人才的竞争日益激烈。为了保持现有研发团队的稳定性，企业也纷纷提高研发人员的待遇，造成研发成本激增。

另外，跨界人才逐渐融合，使研发企业学习到更多的商业模式和管理模式。高素质的人才只需要很短的时间就可以适应游戏行业的需求，从而迅速弥补经验上的不足，这在一定程度上也使游戏行业成为人人皆有机会的淘金之地。

3.3 中国自主研发网络游戏海外市场状况

3.3.1 中国企业自主研发网络游戏进入海外市场的作品与区域数量

近几年，中国网络游戏自主研发企业加强了对海外市场的拓展。2009 年，共有 29 家中国公司的 64 款游戏进入海外市场，包括北美、欧洲、日本、韩国、东南亚以及港澳台等在内的 50 多个国家和地区（见表 3—1）。

表 3—1　2009 年中国自主研发网络游戏产品出口状况

开发商	游戏名称	出口地
广州市百游汇数码网络科技有限公司	兽血沸腾Online	中国台湾
	兽血沸腾Webgame	
成都汉森信息技术有限公司	倾城	东南亚 11 个国家、中国香港、中国澳门、中国台湾
上海鸿利数码科技有限公司	魔界Ⅱ	中国台湾

续前表

开发商	游戏名称	出口地
久游网	超级舞者	马来西亚、越南、泰国、新加坡、北美地区、欧洲地区、中国台湾
	宠物森林	新加坡、马来西亚、泰国、越南、印度尼西亚、菲律宾、中国台湾、中国香港、日本
	劲舞团Ⅱ	中国香港
蓝港在线（北京）科技有限公司	倚天剑与屠龙刀	中国香港
	西游记 OL	越南
	快乐神仙	马来西亚、泰国、新加坡、中国香港、中国澳门、中国台湾
北京漫游谷信息技术有限公司	战国天下	中国台湾
北京完美时空网络技术有限公司	诛仙	俄罗斯联邦及其他俄语地区
	热舞派对	中国香港、中国澳门、中国台湾
	口袋西游	韩国、中国香港、中国澳门、中国台湾
	神鬼传奇	越南、中国香港、中国澳门、中国台湾
杭州乐港科技有限公司	热血三国	中国台湾、马来西亚、日本、韩国
北京畅游时代数码技术有限公司	天龙八部	马来西亚、泰国、新加坡、中国香港、中国台湾
广州金山多益网络科技有限公司	梦想世界	中国台湾
苏州市蜗牛电子有限公司	舞街区	北美地区、马来西亚、泰国、新加坡、印度尼西亚、中国台湾、土耳其、芬兰、俄罗斯
	航海世纪	北美地区、中国台湾、越南、俄罗斯、德国
	机甲世纪	北美地区、中国台湾、越南、俄罗斯、德国

续前表

开发商	游戏名称	出口地
苏州市蜗牛电子有限公司	英雄之城	北美地区、中国台湾、中国香港、马来西亚、越南、泰国、欧洲、土耳其、韩国
	帝国文明	越南、欧洲地区、韩国、日本
	天子	中国台湾、中国香港、韩国
	九阴真经	欧洲、韩国
上海晨路信息科技有限公司	武林英雄	新加坡、马来西亚、韩国、日本、中国台湾
上海巨人网络科技有限公司	征途	越南、俄罗斯
深圳市网域计算机网络有限公司	英雄岛	中国香港、中国澳门、中国台湾、日本
上海第九城市信息技术有限公司	九洲战记	新加坡
	名将三国	中国香港、中国澳门、中国台湾、韩国
福建天晴数码有限公司	征服	埃及、北美地区、马来西亚、南美地区、欧洲地区、沙特阿拉伯、泰国、印度尼西亚、越南、中国台湾、中国香港
	魔域	巴西、北美地区、马来西亚、欧洲地区、泰国、印度尼西亚、越南、中国台湾、中国香港
	机战	巴西、北美地区、马来西亚、欧洲地区、日本、泰国、印度尼西亚、越南、中国台湾、中国香港
	投名状	越南、欧洲地区、北美地区
	Crazy Tao	欧洲地区、北美地区
杭州泛城科技	魔力学堂	中国香港、中国澳门、中国台湾、马来西亚、泰国、新加坡、韩国、日本、越南

续前表

开发商	游戏名称	出口地
海口动网先锋网络科技有限公司	商业大亨 Online	马来西亚、泰国、新加坡
北京光辉互动网络科技有限公司	七龙纪	韩国、中国台湾、越南、日本、加拿大、美国、新西兰、英国、澳大利亚
上海游趣网络科技有限公司	鬼吹灯	马来西亚、新加坡
北京像素软件科技股份有限公司	寻仙	韩国、中国香港、中国台湾、马来西亚、新加坡、泰国、北美地区、欧洲地区、越南
目标软件（北京）有限公司	MKZ	俄罗斯、中国香港
	龙腾世界	中国香港
	天地 OL	中国香港
广州网络游戏数码科技有限公司	泰国·战国	泰国
盛大游戏	疯狂赛车	中东地区
	疯狂赛车 2	中国香港
	龙神传说	中国香港
	纵横天下	马来西亚、泰国、新加坡
	英雄之门	马来西亚、泰国、新加坡、越南、韩国、俄罗斯
	风云	俄罗斯
	GPK 软件	日本
	SGDP 软件	日本
北京新娱兄弟网络科技有限公司	泡面三国	越南、马来西亚、中国台湾
	帝国崛起	中国台湾
	剑侠情缘 web	越南、马来西亚、中国台湾
	武林传奇 2	中国台湾
上海灵禅信息技术有限公司	封神无敌	中国台湾、越南、马来西亚
北京金山软件有限公司	剑侠世界	中国台湾、越南
	反恐行动	柬埔寨、印度尼西亚

续前表

开发商	游戏名称	出口地
空中网大承网络	龙	法国、德国、意大利、荷兰、比利时、卢森堡、英国、丹麦、爱尔兰、希腊、葡萄牙、西班牙、奥地利、瑞典、芬兰、马耳他、塞浦路斯、波兰、匈牙利、捷克、斯洛伐克、斯洛文尼亚、爱沙尼亚、拉脱维亚、立陶宛、罗马尼亚、保加利亚、瑞士、挪威、土耳其、韩国、马来西亚、新加坡
	功夫世界	韩国
	功夫 ONWEB	马来西亚、新加坡
上海格锐讯通网络科技有限公司	幻魔录	韩国
	金银岛	韩国

资料来源：GPC 和 IDC，2010。

3.3.2 中国自主研发网络游戏海外市场实际销售收入

2009 年，总计有 29 家中国网络游戏企业自主研发的 64 款游戏产品进入海外市场，实现销售收入 1.09 亿美元，比 2008 年增长了 53.9%。海外市场收入包括版权交易、直接或联合运营收入，以及代理运营分成等多种营收模式。2009 年，完美时空海外市场实际销售收入超过 3 100 万美元，旗下《诛仙》、《热舞派对》、《神鬼传奇》、《口袋西游》等四款网络游戏分别进入俄罗斯、越南、韩国、中国香港、中国澳门和中国台湾等国家和地区。网龙公司、金山软件及久游网三家老牌游戏出口企业在海外市场也发展良好，网龙 2009 年海外市场收入超过 2 000 万美元，金山 2009 年海外市场收入接近 1 400 万美元，久游网 2009 年海外市场销售收入超过 1 200 万美元。此外，搜狐畅游、苏州蜗牛和空中网大承网络等海外市场新军也表现突出，2009 年三家企业在海外市场的实际销售收入分别达到 780 万美元、530 万美元与 435 万美元。

3.3.3 中国自主研发网络游戏海外市场特征

3.3.3.1 网络游戏成为中华文化输出的重要载体

长久以来，中国在国际文化产品贸易中一直处于“赤字”地位，美国的电影、日本的动画、韩国的游戏及电视剧都纷纷入侵中国市场，反观中国的文化产品在海外市场一直缺乏足够的影响力。网络游戏正在逐步改变这一现象，如金山输出的《剑侠世界》、搜狐畅游输出的《天龙八部》、完美时空输出的《完美世界》等产品都具有丰富的中华文化内涵。随着自主研发网络游戏在海外市场影响力的快速提升，网络游戏也成为了中华文化输出的重要载体。

3.3.3.2 自主研发网络游戏海外市场规模受金融危机影响较小

受金融危机影响，海外游戏用户消费支出相对下降，从而造成海外游戏代理商购买力下降，单价降低。但 2009 年中国自主研发企业加大了对海外市场的拓展力度，进入海外市场的企业及产品数量均有大幅提高，因此 2009 年中国自主研发网络游戏市场收入稳中有升。从进入海外市场的企业看，先期进入海外市场的网络游戏基本上维持了 2008 年的市场状况，同时一批面向海外用户的游戏陆续输出，完美时空海外产品线增加了《热舞派对》、《神鬼传奇》、《口袋西游》等。

3.3.3.3 出口游戏类型以MMORPG为主，网页游戏比例显著提高

2009年进入海外市场的游戏仍然以MMORPG游戏为主，MMORPG游戏占总体出口游戏数量的近50%。这也充分体现了在全球网络游戏市场上MMORPG类游戏的地位，也可看出目前国内自主研发企业在产品、开发人才等方面的优势资源仍然集中在MMORPG领域。自2008年开始兴起的网页游戏在海外市场也受到追捧，2009年共有16款自主研发网页游戏进入海外市场，占当年出口游戏总数的30%。

3.3.3.4 进入海外市场的游戏企业阵营不断扩大

继完美时空、网龙及金山等游戏大厂商之后，2009年，蓝港在线、空中网大承网络、游戏蜗牛等企业也加大了进军海外市场的力度。蓝港在线的《西游记OL》于2009年9月成功进入越南市场，签约授权金高达100万美元，创下了国内游戏出口越南授权金最高纪录。空中网大承网络的3D网络游戏《龙》与海外30余个国家签订了出口协议。

同时，新兴的社交游戏公司也在积极进军海外市场，取得了不俗的战绩。上海五分钟网络科技公司开发的《开心农场》在社交网站Facebook平台的用户数量超过了100万。上海恺英网络科技有限公司开发的《楼一幢》于2009年10月登陆Facebook平台，用户数量约700万。热酷网的《阳光牧场》游戏于2009年8月在日本最大的社交网站Mixi上线后，现有用户超过380万，是目前Mixi网站上最受欢迎的游戏，这款游戏吸引了超过20%的Mixi用户。《阳光牧场》在Facebook平台上的运营也非常成功。

3.3.3.5 网络游戏企业积极参加国外游戏展，推广自主研发产品

2009年，由金山、联众、目标软件、完美时空等15家企业组成的中国游戏企业团首次现身日本电玩展。目前，中国部分网络游戏企业的研发与运营水平正在得到国际市场更广泛的认可，部分出口产品具有较大市场影响力。中国重视海外市场的游戏企业日益增多。企业组团参加国际游戏展，向海外市场推广自主研发产品，正在成为中国游戏企业参与国际市场竞争的重要途径。

3.3.4 中国自主研发网络游戏进入海外市场的驱动因素

3.3.4.1 全球电子游戏市场网络化趋势明显，网络游戏市场容量持续扩大

当前，电子游戏的网络化是全球性的大趋势。不管是PC游戏还是电视机游戏，不管是在欧美，还是在亚洲、太平洋地区，网络游戏都是一股重要的潮流。近几年，随着网络游戏在全球的迅速发展，俄罗斯、印度及中东等网络游戏市场也开始迅速发展，网络游戏在欧美等传统的电视视频游戏市场上的流行热度也越来越高。网络游戏在海外市场存在巨大的潜力。

3.3.4.2 中国网络游戏产品研发能力不断提升

过去的十年中，中国的网络游戏研发企业不断创新，大力开展技术创新、运营创新，并不断地拓展海外市场业务。目前，从局部看，中国网络游戏企业的研发水平已经达到国际领先水平，中国网络游戏产品在海外已经具备较大影响力。其中，完美时空、空中网

大承网络等拥有自主研发3D游戏引擎能力的企业在国际市场上具有较大的技术优势，如空中网大承网络最新的3D游戏产品《龙》，在国内还未正式运营前，已经授出海外近30余个国家的运营代理权。

3.3.4.3 中国网络游戏企业国际化意识大幅提高，加大海外市场投入

自主研发的游戏精品在画面制作、游戏平衡性设计等方面都基本达到国际水平，国内市场的激烈竞争促使中国网络游戏企业提升国际化意识，在游戏研发阶段就考虑海外市场。面对全球经济危机，网络游戏是消费时间与花费性价比最优的一种娱乐形式，加上网络环境不断地成熟，以及家庭电脑普及率的提高，海外网络游戏市场进一步增长，这些都有利于中国网络游戏企业开拓海外市场。具有国际观的中国网络游戏企业均加大对海外市场的投入，开展针对海外市场的游戏研发，扩大对海外的版权输出。

3.3.4.4 中国网络游戏企业在海外市场积累成功经验

先行企业对于海外市场运作的探索为后续企业进入海外市场提供了宝贵的经验。中国自主研发网络游戏海外市场规模持续扩大，进入海外市场的企业数量也不断增长。2009年大量新兴企业在海外市场的成功更是为中国网络游戏企业进入海外游戏市场树立了信心和积累了经验。

3.3.4.5 网页游戏及社交游戏等新兴游戏类型在海外游戏市场扮演越来越重要的角色

在传统的客户端网络游戏竞争上，由于中国网络游戏企业自主

研发的产品的出口起步相对滞后于国际企业，因此海外市场竞争力略显不足。而在网页游戏、社交游戏等新兴细分市场上，中国网络游戏企业与国外的企业站在同一起跑线上，加上网页游戏与社交游戏的技术门槛相对较低，因此中国游戏产品与国外游戏产品相比各有所长，甚至出现领先于国外的游戏产品的情况。

3.3.5　中国自主研发网络游戏进入海外市场的阻碍因素

3.3.5.1　欧美文化差异带来的产品内容融合问题

以儒家文化为代表的中华文化在亚洲具有较强的影响力，因此国内自主研发游戏在内容上与亚洲市场的用户需求契合度较高。而欧美文化与中华文化存在较大的差异，国内游戏产品要进入欧美市场的话，就需要在游戏设计及内容上逐步融入欧美文化元素，以此来吸引更多的用户，这仍是国内网络游戏研发企业的劣势。在东南亚市场日趋饱和的情况下，为了拓展更为广阔的欧美市场，国内网络游戏研发企业必须要解决文化差异带来的问题。

3.3.5.2　3D游戏研发能力仍有差距

经过多年视频游戏的培育，欧美游戏用户对于3D游戏的画面及风格具有更高的偏好度，《魔兽世界》、《AION》等游戏在国外市场排名居高不下也从侧面说明了这一问题。反观国内自主研发企业，具有成熟3D网络游戏研发技术的企业可谓寥寥无几，目前只有完美时空、空中网大承网络等少数几家企业在3D网络游戏研发技术上具有较深厚的积累。

3.3.5.3　网络游戏企业进军海外市场尚未形成群体效应

目前国产网络游戏企业的海外拓展行为还处于各自为战的阶段，尚未出现针对网络游戏海外输出的平台性质的组织、政策、活动，没有发挥出中国企业在海外市场的群体效应。

3.3.6　中国自主研发网络游戏海外市场的发展趋势

3.3.6.1　海外市场迅速向欧美扩张，国内企业的国际化运营能力亟待提高

中国自主研发网络游戏海外市场正在从东南亚及东亚地区，如中国台湾、越南、泰国、新加坡、马来西亚、印度尼西亚、菲律宾、韩国和日本，向欧美国家扩张，如美国、法国、德国等地。

由于各地区用户文化差异较大，不同地区用户对游戏题材及风格的喜好也大不相同。文化背景、风俗习惯、网络环境、消费能力等因素决定了不同地区的网络游戏市场特征存在较大的差异，销售及推广模式也依各地区的用户消费习惯而有所不同，这也要求国内企业迅速提高国际化运营能力来满足不同区域市场的需求。

3.3.6.2　为了提高在海外市场的运作能力，国内企业进入海外市场模式呈现多元化

为了提高海外市场的运营能力，一些中国游戏研发企业除海外授权运营这一传统的业务线外，还在海外拓展了其他途径。不少国内资本公司开始考虑通过版权交易的方式将国内网络游戏打入东南亚和欧美市场，而北美多家华裔代理运营游戏公司也陆续在国内成

立办事处。国内也将有更多公司将海外华人市场作为目标客户群，以追求产品和国内同步效率。继完美时空与网龙在美国成立分公司运营自主研发游戏之后，搜狐畅游也在硅谷成立美国分公司运营《天龙八部》。

3.3.6.3 由单纯的产品输出拓展至技术解决方案的输出

随着中国网络游戏研发企业研发核心能力的提高，中国的自主研发产品与国际网络游戏产品的水平差距也在逐渐缩小。但是目前网络游戏研发的核心技术（游戏引擎研发技术）在国内尚处于发展阶段，大多数的国内研发商，包括网易这样的大型企业也都选择进口引擎产品，国内能够进行游戏引擎自主研发的原创企业只有少数。2008 年年初，国内老牌网络游戏研发企业目标软件对新加坡研发商 Visual Factory 的自主研发网络游戏开发整体解决方案 Over-Max SDK 的授权，开启了国产引擎走上国际舞台的先河。2009 年，盛大游戏自主研发的服务器架构、网络、数据库等通用模块及处理流程的全套解决方案——SGDP 开发平台，以及反外挂、反木马等游戏安全相关技术方案——GPK 软件开始出口日本市场。

3.4 中国手机网络游戏行业状况

3.4.1 中国手机网络游戏用户数

2009年，随着智能手机的普及，大屏幕、高分辨率、全触摸技术改善了用户操作移动终端的体验，而3G网络的大规模建设，使用户通过移动网络接入互联网的速度得到了大幅提升，中国手机网络游戏用户也因此持续增长。2009年中国手机网络游戏用户为2 100万人，比2008年增长了118.8%。随着3G业务的深入发展，手机网络游戏用户将保持快速增长，预计2009—2013年的平均年增长率为45.5%。

3.4.2 中国手机网络游戏实际销售收入与预测

2009年，手机网络游戏市场运营收入达6.4亿元人民币，比

2008年增长了25%。预计2014年中国手机网络游戏市场收入将达到48.1亿元人民币，2009—2014年的年复合增长率为58.6%。

3.4.3 中国手机网络游戏行业的行业特征

3.4.3.1 政府加大向外商开放电信增值业务力度，加强对游戏内容与服务质量的管理

中国电信产业日趋开放，尤其是在电信增值服务领域，行业政策发展的总趋势是限制越来越少。2009年年初，国家发改委联合商务部共同发布《中西部地区外商投资优势产业目录（2008年修订)》，进一步扩大了西部对外开放范围，其中包括外商可投资中西部电信增值业务等条目。

在降低进入门槛的同时，政府部门加强了对手机网络游戏等增值业务的内容与服务质量的管理。自2006年起，中国移动制定了“二次确认”原则，用户必须再次确认订购业务，才能与SP产生订购关系。2009年，全国“扫黄打非”办公室、公安部、中宣部、中央外宣办、工信部等多部门联合行动，重点打击手机增值内容的色情内容。

3.4.3.2 中国手机网络游戏市场蓬勃发展，被誉为3G市场的杀手级增值应用

与PC网络游戏一样，手机网络游戏也具有实时在线性，多人通过游戏实现互动娱乐，不同的是手机具有极强的可携带性，用户可以随时随地登录游戏，因此手机网络游戏在旅途、等车、上下班途中等闲暇时间受到众多用户的青睐。

3.4.3.3 手机网络游戏产业链初步形成，移动运营商占据主导地位

虽然手机网络游戏行业目前还处于培育市场的起步阶段，并且存在手机终端制式繁杂、推广平台不成熟、开发人员经验不足、用户付费意愿较低等问题，但是在巨大市场潜力的吸引下，依然有众多手机网络游戏开发商、手机终端厂商、风险投资商等纷纷涌入手机网络游戏行业，并初步形成了包括手机网络游戏开发商、手机网络游戏运营商、移动运营商、手机终端厂商的产业链条。

移动运营商掌控了手机网络游戏的网络环境、流量资费、增值业务平台及收费渠道等核心资源，并且对手机用户具有很强的影响力，因此移动运营商在手机网络游戏产业链上占据了主导地位。运营商也在手机网络游戏产业上投入了大量的人力及物力，如2009年中国移动游戏基地落户江苏，江苏移动专门设立了“游戏基地”，负责中国移动游戏业务发展以及市场推广、内容引入与合作伙伴管理、平台和门户规划、建设及运营等工作。

3.4.3.4 手机网络游戏市场进入门槛低，市场竞争激烈

相对大型的PC网络游戏而言，手机网络游戏在研发周期及研发人员的投入上都相对较小，由此手机网络游戏市场的进入门槛相对较低，再加上看好手机网络游戏的发展潜力，因此众多中小开发团队涌入该市场。

由于市场规模比较小、盈利困难等因素，绝大多数手机网络游戏开发团队难以实现自负盈亏，需要公司不断投入资金。手机网络游戏企业的优胜劣汰就更加突出，每年都会有企业退出该市场，也有新公司携新游戏产品涌现，市场竞争异常惨烈。

3.4.3.5　手机网络游戏充分借鉴PC网络游戏道具和服务收费的盈利模式

从盈利模式上来看，手机网络游戏充分借鉴了PC网络游戏的收费模式，即道具和服务收费。用户下载和进入游戏本身没有花费，但是为了获得更好的游戏体验，用户就需要购买游戏中的虚拟道具或服务，这种模式目前已经被广大的手机网络游戏开发商所采用。

3.4.4　中国手机网络游戏行业的驱动因素

3.4.4.1　3G网络逐步普及将改善游戏体验

2009年年初3G牌照的正式发放标志着中国进入3G时代，移动互联网的发展受到了手机终端厂商、移动运营商及互联网内容服务商的多方重视。随着3G网络投入商用，不论是在技术层面还是在加速移动运营商的竞争方面，对手机网络游戏的发展都有巨大的帮助。随着3G网络的大规模建设，用户通过移动网络接入互联网的速度大幅提升，浏览移动互联网内容更加流畅。3G网络对于手机网络游戏来说，使用户下载客户端可以更快、使用游戏的效果可以更顺畅。

3.4.4.2　用户基础广泛，手机上网用户数高速增长

2009年，国内的手机用户已超过7.3亿人，手机上网用户达1.8亿人，用户基础极其广泛。手机网民数量的快速增长为手机网络游戏产业的发展奠定了良好的基础。手机网络游戏已成为移动增

值服务最重要的应用之一。

移动运营商与互联网内容服务商纷纷推出移动互联网内容，移动社交网络、手机网络游戏、移动电子商务等应用模式快速发展。随着终端、网络环境及内容的逐步成熟，中国移动互联网用户数量突飞猛进。2009 年移动互联网用户达到 1.8 亿人，同比增长 83.5%，中国移动互联网市场正式进入高速发展期。

3.4.4.3 手机终端性能显著提升

智能手机的发展是手机终端性能提升的一个突出表现。新一代智能手机的普及，将使网络游戏的显示、操作、运行速度都有所提高，甚至可以借助手机内置的 GPS、摄像机等功能发展出新的游戏玩法，真正发挥出移动娱乐的优势。手机终端性能不断提高，为用户带来流畅的操作、精美的画面，提高并丰富了游戏的表现力和趣味性，给用户带来非凡的娱乐体验。2009 年中国智能手机出货量超过 1 560 万台，随着智能手机的普及，大屏幕、高分辨率、全触摸技术改善了用户操作手机网络游戏的体验。

3.4.5 中国手机网络游戏行业的阻碍因素

3.4.5.1 游戏人才和开发资金缺乏，游戏品质仍需提高

第一，游戏人才及开发资金缺乏。目前行业从业人员之前大都从事单机手机游戏的研发，缺乏制作手机网络游戏的经验，行业整体技术研发水平不高。手机网络游戏开发周期比单机游戏更长，资金需求量也更大，而游戏企业大多数是中小型企业，资金一直都很紧张，面临着巨大的资金压力。

第二，游戏质量亟待提高。大多数 SP 为了“远水解近渴”，花

重金大量购买韩国的JAVA游戏。为了降低成本，一些企业简单模仿国外的产品，花较少的人力、物力，研发出的游戏有粗制滥造之嫌。而这些游戏没有经过严格的筛选就进入发行领域，大大影响了用户对手机游戏的整体评价。

第三，游戏内容缺乏手机特色。多数手机网络游戏产品陷入了PC网络游戏的模式，照搬PC网络游戏，直接移植到手机中，导致针对手机这一独特的操作平台和手机游戏玩家这一群体，游戏的互动性和体验性不足。而且，更有部分产品同质化严重，内容单一，陷入“打怪升级”的怪圈。

3.4.5.2 网络服务水平有待完善

手机网络游戏用户最头疼的是网速不能满足要求。信号盲点是手机网络游戏亟待解决的问题。以目前的情况来看，地铁及一些建筑物中没有信号的现象经常出现。更重要的是，现在的移动网络承担大量用户同时在线游戏的能力有限，当在线用户达到一定数量时就会不堪重负，这是手机网络游戏的“软肋”。

3.4.5.3 上网资费限制了用户及市场的发展

通常，用户玩一款手机网络游戏每月需要耗费200M左右的流量，按照目前移动运营商3G网络服务的收费机制，用户每个月至少需要在手机上网流量费用上投入50元以上。如果以中国移动广东省现行的GPRS套餐为例，15元的GPRS套餐包含100M流量（只限于CMWAP），超出部分按1元/M计算。每月100M的流量，相当于平均每天只有3.3M。3.3M流量仅仅够下载一首MP3，根本不能满足用户每日玩游戏、聊天、下载等需要。

3.4.5.4 手机网络游戏开发平台及终端不统一

因为目前一部手机不能同时支持两个操作平台，所以开发不同平台的手机终端对手机厂商的压力比较大。中国移动支持的游戏基于JAVA平台，中国联通支持的游戏基于BREW平台。平台的不同，影响到手机游戏的互通性和适用性，对用户来说也不便利。此外，手机型号多、色彩差、操作性差等不足，导致用户体验差，不同机型的用户操作同一款手机网络游戏所感受到的游戏效果是完全不同的，而这些也就成为了手机网络游戏发展的重要瓶颈。

3.4.6 中国手机网络游戏行业的发展趋势

3.4.6.1 中国手机网络游戏继续保持爆发式增长

作为3G最为重要的应用之一，在经过2009年3G导入期后，2010年手机游戏继续呈现迅猛发展的势头。随着3G业务的深入发展，手机网络游戏用户将保持快速增长，预计2009—2013年的平均年增长率为45.5%。预计2014年中国手机网络游戏市场收入将达到48.1亿元人民币，2009—2014年的年复合增长率为58.6%。

3.4.6.2 跨平台联网络游戏产品发展潜力大

跨平台联网络游戏，是指同一游戏产品，能够通过WAP、JAVA、Web甚至是PC客户端等方式和手段接入，实现手机网络游戏数据跨平台互联互通。游戏跨平台互联互通，克服了手机终端性能所造成的不便，符合游戏用户的实际情况，不仅能发挥各种游戏形式的优势，同时更能够最大限度地聚合游戏用户，甚至带动互联网用户、PC 网络游戏用户向手机网络游戏靠拢，促进手机网络游戏用户规模增长。

3.4.6.3 实时角色扮演类游戏继续占据市场主流

2009 年推出的手机网络游戏，80%是以 RPG 游戏为主，收费形式也大多以在游戏中购买道具为主，如空中网的《天劫》、《封神》等 RPG 游戏。此外，目前各手机网络游戏企业正在研发当中的游戏产品也都是角色扮演类游戏居多。

3.4.6.4 社交游戏向手机平台拓展

社交游戏将会向手机 WAP 和手机客户端图形网络游戏（j2me）方向联合发展，而不会单单停留在网页表现形式上。同一款产品同时出现在 Web 和手机两个平台上，既是社会化游戏，又是 j2me 图形手机网络游戏，两个平台访问同一服务器。多平台的受众覆盖率和盈利空间更大。2009 年 6 月，索尼爱立信推出了四款内置开心网客户端的 3G 手机，而知名的手机浏览器 UC Web 也将开心网、人人网等 SNS 网站加入快速链接中，进一步方便手机用户进入 SNS 网站。

3.5 中国 PC 单机游戏行业状况

3.5.1 中国 PC 单机游戏市场实际销售收入

2009 年中国单机游戏市场实际销售收入为 2 469 万元人民币，比 2008 年下降了 19.3%（见图 3—12）。2009 年出版发行新单机游戏 32 款，比 2008 年增长了 18.5%。

3.5.2 用户喜欢的 PC 单机游戏类型及用户获取 PC 单机游戏的方式

与网络游戏相比，单机游戏用户对于游戏类型的选择更加多样化，但用户最喜欢的游戏类型仍然是角色扮演类（RPG），占到 36.7%，之后依次为：第一人称射击类（FPS）、即时战略类

(RTS) 和益智类游戏 (见图 3—13)。

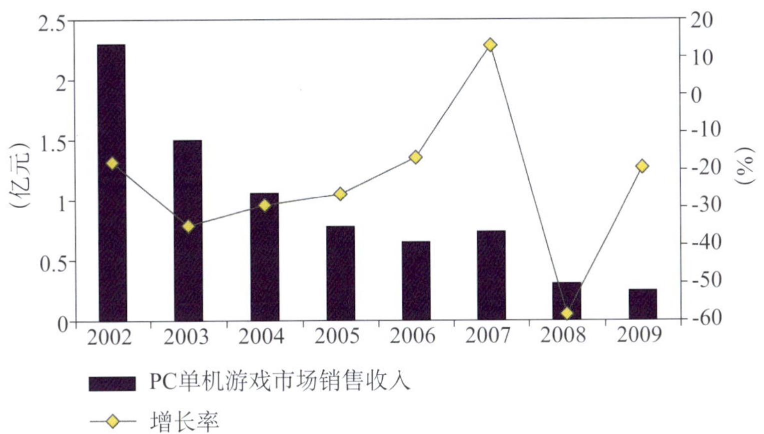

图 3—12 中国 PC 单机游戏市场销售收入及增长率 (2002—2009 年)

资料来源：GPC 和 IDC，2010。

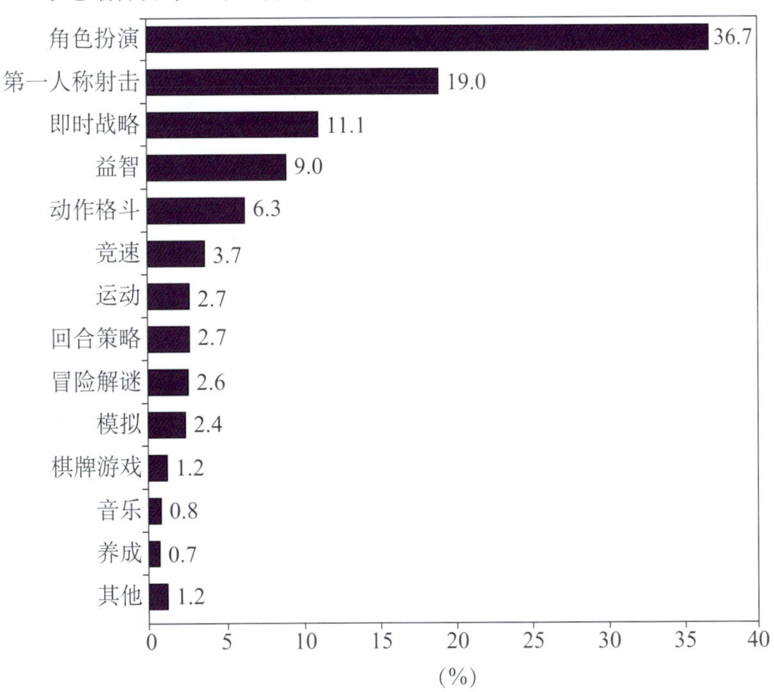

图 3—13 用户最喜欢的 PC 单机游戏类型

资料来源：GPC 和 IDC，2010。

和2008年相比，用户在2009年通过网络免费下载获得PC游戏的比例有大幅上涨，同时对购买正版盘的热情则有所上升。68.8%的用户提及会从网上免费下载PC游戏，而30.5%的用户表示会购买正版游戏软件光盘（见图3—14）。

目前，网络免费下载已经不完全是“盗版”的代名词，部分企业为了扩大游戏产品的用户数量，与相关网站进行合作，提供免费下载服务，不过此类免费下载中还有一大部分是出于私人性质的传播目的，属于盗版行为，对于PC游戏软件厂商冲击很大。同时，越来越多的盗版游戏软件用户把目光从购买盗版盘转向网络免费下载。

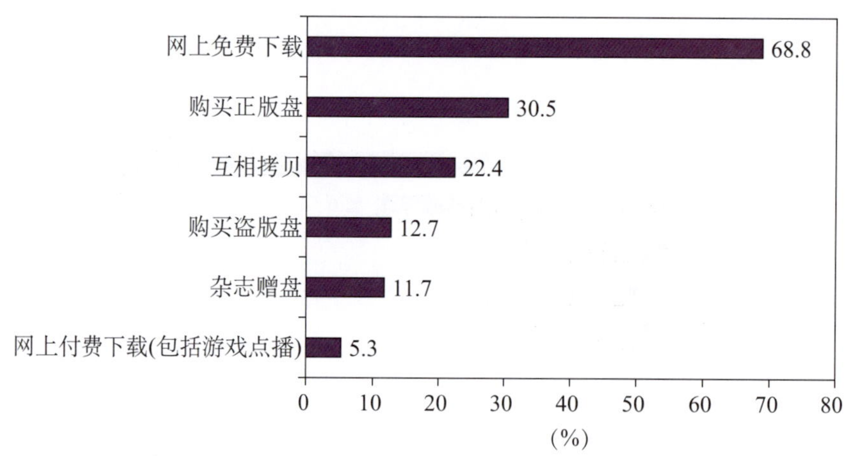

图3—14　获得PC游戏软件的方式

资料来源：GPC和IDC，2010。

3.5.3　中国PC单机游戏行业的行业特征

3.5.3.1　新发布产品数量严重萎缩

从2007年的68款新产品上市到2008年的27款新产品上市，

新产品数量的萎缩成为单机游戏市场发展受阻的另一个直接因素，这个问题在2009年没有得到改善。新产品的缺乏直接导致了用户对单机游戏产品缺乏必要的关注，进而影响了整个销售渠道对单机游戏的关注。渠道靠单机游戏是根本无法养活自身的。正版的单机游戏距离消费者渐行渐远，消费者选择了从产品更丰富、体验更及时的盗版市场获取乐趣，这让单机游戏的发展一步一步走向低谷。

3.5.3.2 单机游戏研发及发行企业逐步退出

近几年国产单机游戏缺乏的问题在2009年没得到缓解，同时，在国际市场上，PC单机游戏的发展也是不容乐观。在欧美和日本市场上，盗版问题同样存在，开发公司不得不把注意力放在收入较高的视频游戏和网络游戏上。例如，在2008年，EA取消了NBA09的PC单机版开发计划，重点开发NBA online。同样是作为中国最大单机游戏开发公司的大宇，2009年没有单机游戏产品在大陆上市。上游产品的匮乏，直接导致了下游发行公司发展的后继无力。

3.5.3.3 新兴游戏形态不断发展

网络游戏的广泛流行促进了其他相关游戏的发展，如2009年开始兴起的桌上游戏。桌上游戏在中国市场上还只是一个新生事物，但它在以欧洲、美国为代表的西方，却拥有近40年的历史，并已成为集游戏研发、产品发行、赛事举办、周边产品、文化交流于一身，跨行业、跨领域的文化支柱型产业。

不同的“桌游”虽然规则各异，但对人的思维能力、判断能力、记忆能力、联想能力和沟通能力，都有着一定的要求。人们在“桌游”的过程中不仅享受智力竞技的乐趣，更在游戏中相互增进了解，建立信任和友谊。目前，桌上游戏在国内深受白领与大学生用户的青睐。同时，国内的桌上游戏企业也开始将其产品开发为网络版，为众多的桌上游戏用户提供网络竞技平台。

3.5.4 中国PC单机游戏行业的阻碍因素

3.5.4.1 缺乏资金投入

中国单机游戏市场的持续低迷，导致资本市场对于单机游戏研发缺乏信心，而市场的委靡也导致研发公司没有动力开发单机游戏，发行公司没有资金做大型的市场推广，销售渠道没有资金保持正常流通和上架，单机游戏行业的各个环节都面临资金紧缺的问题，这种恶性循环也直接威胁到单机游戏行业的发展前景。

3.5.4.2 盗版问题依然尚未解决

虽然近几年来，政府一直在大力打击盗版游戏，但是效果并不明显。尤其是宽带和P2P技术的普及，使得下载成为获取盗版游戏的迅捷之路，同时配合游戏加密破解程序，对单机游戏的市场造成了严重的影响。

3.5.5 中国PC单机游戏行业的发展趋势

3.5.5.1 自主研发单机产品

2009年，在不求兴旺、但求生存的市场状态下，部分国内单机游戏发行厂商尝试从事风险性较高的网络游戏开发业务，以谋求更大的利润空间。娱乐通采用先通过移植完善引擎，再利用移植的游戏引擎研发新游戏的做法，这是一条循序渐进、洋为中用、自主创新的研发路线。他们也表示目前已经完成了AVG引擎的移植，并在此基础上开始研发游戏。虽然这些发行厂商都承诺不会放弃单机游戏代理业务，但工作的重心无疑将向这些自主开发的产品转移。

3.5.5.2 单机游戏网络化

从2008年起，占据国内单机游戏市场80%的网元网已经提出了单机游戏网络化的具体模式。进入2009年，网元网先是资助网络游戏研发团队，其后正式宣布推出首款MMORPG《情天OL》。这是网元网向网络游戏全面转型的标志，也是中国单机游戏市场进一步萎缩、走向消亡的标志。

Game

第 4 部分

中国游戏产业衍生行业分析

4.1 中国网络游戏虚拟物品交易市场状况

4.1.1 中国网络游戏虚拟物品交易市场规模

2009年中国网络游戏虚拟物品交易市场规模为105亿元人民币，比2008年增长了62%。其中，网络游戏虚拟物品交易平台交易规模估计可达78.6亿元人民币，比2008年增长了78%，占整体交易规模的74.9%，比2008年有较大幅度的增加。预计2014年中国网络游戏虚拟物品交易市场规模将达到270.5亿元，其中网络游戏虚拟物品交易平台交易规模为245.3亿元，占90.7%。中国网络游戏虚拟物品交易市场规模从2009年到2014年的年复合增长率为20.8%，其中通过交易平台的交易规模从2009年到2014年的年复合增长率为25.6%（见图4—1）。

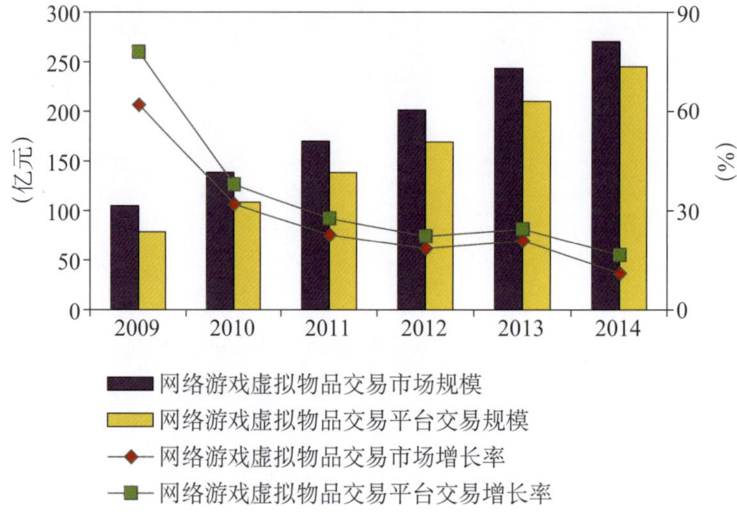

图 4—1　网络游戏虚拟物品交易市场规模和交易平台交易规模及增长率（2009—2014 年）

资料来源：GPC 和 IDC，2010。

4.1.2　中国网络游戏虚拟物品交易市场的市场特征

4.1.2.1　道具收费游戏普及为虚拟物品交易奠定了基础

2009 年，随着采取道具收费运营模式的网络游戏市场规模进一步扩大，游戏开发商和运营商不断地挖掘道具收费运营模式下的 ARPU 值，其核心即加大用户对于游戏内的道具的使用依赖度，从而扩大用户对于游戏内的道具和服务的购买需求。道具收费游戏的特征是：所有的游戏设计均以经济消耗系统为核心，扩大用户在游戏内的道具和服务消耗。随着游戏设计中的现实经济元素被不断地植入和升华，游戏内的道具的现实经济价值愈发凸显，游戏用户进行虚拟物品交易的需求也不断地被激发出来。

4.1.2.2 游戏道具交易成为用户普遍的消费行为

购买虚拟物品已经成为游戏用户新的消费习惯，是游戏用户对娱乐方式的一种新需求。随着网络游戏商业模式的变化、职业用户的出现，用户对于虚拟道具的使用价值高度认可，从而使网络游戏中虚拟物品的交易行为日益频繁。2009年，47.9%的用户经常交易虚拟物品，37.4%的用户偶尔交易虚拟物品，其中50%的用户一个月内会进行1～4次交易，而每周交易1次以上的用户也达到了15.7%。这充分表明虚拟物品交易已经成为网络游戏用户游戏过程中的普遍行为，用户通过各种途径交易虚拟物品成为不可逆转的发展趋势。

4.1.2.3 虚拟货币是网络游戏虚拟物品交易市场的主导产品

虚拟货币（游戏预付点卡）是由游戏企业发行的、可统一兑换游戏内的虚拟道具和服务的兑换介质，是用户购买游戏产品和服务时的必要中间环节介质。网络游戏虚拟货币是每个游戏用户必须购买的游戏商品，除通过游戏企业的生产发行获得外，个人或其他企业无法通过其他方式产生虚拟货币，因而对于网络游戏虚拟货币的需求在二级市场中占据鳌头，占总体二级市场份额的45.8%。

4.1.2.4 专业化的第三方交易平台依靠其特有的专业化服务模式区别于综合类C2C交易平台

如目前在二级市场交易服务领域主要存在两种交易服务模式：寄售服务模式和担保服务模式。国内最大规模的专业交易平台之一——中国网络游戏服务网（www.5173.com）在全球率先推出寄售和担保服务后，依靠其专业化的服务，长期占据着二级市场中游戏道具和服务交易的领先位置。

国内综合类C2C交易平台的领先企业——淘宝网，一直以统一化的电子商务服务模式提供交易服务，而进入2009年后，在网络游戏交易服务方面，却出人意料地推出担保和寄售等专业化服务，并率先打破淘宝不向个人用户收费的惯例，开始向个人用户征收服务费。同样，5173进入2009年后，也将网络游戏虚拟货币交易服务作为业务重点进行建设，网络游戏虚拟货币交易业务取得快速发展。传统模式下的专业化第三方交易平台通过专业化服务主营游戏道具和服务交易服务的情况，综合类交易平台上网络游戏虚拟货币的交易居多的情况，在2009年变得界限模糊。良性的竞争将促进交易行业服务的水平提升，用户将获得更多的选择、更为低廉的成本和更为优质的服务。

4.1.3 中国网络游戏虚拟物品交易市场的驱动因素

4.1.3.1 虚拟货币交易的法律环境逐步完善

2009年6月，文化部、商务部联合印发了《关于加强网络游戏虚拟货币管理工作的通知》。在《通知》中，政府管理部门首次界定了网络游戏虚拟货币的定义，并明确指出“网络游戏虚拟货币发行企业”是指发行并提供虚拟货币使用服务的网络游戏运营企业。“网络游戏虚拟货币交易服务企业”是指为用户间交易网络游戏虚拟货币提供平台化服务的企业。《通知》同时规定，同一企业不得同时经营以上两项业务，从法律角度上促进了交易平台的发展。在司法领域，《刑法》第七次修正案重新修订了网络犯罪、入侵计算机方面的量刑标准，从司法惩戒角度提高了网络犯罪的成本，并促进了全方位的网络安全保障体系的构建。

4.1.3.2 第三方交易平台快速发展

随着大型第三方交易平台的服务逐步完善，游戏运营商投入大量精力防范由盗号和系统入侵造成的非法交易，二级市场环境大幅改善。从2008年起，用户通过第三方交易平台进行交易的次数大幅上升，游戏运营商开始正视二级市场对于游戏产业发展的积极作用，并与第三方交易平台展开合作，这成为二级市场和第三方交易平台快速发展的基础。

4.1.3.3 用户对于虚拟物品交易的需求旺盛

用户对于装备、账号、游戏币等虚拟物品的交易需求旺盛。2009年道具游戏市场取得了飞跃式发展，网络游戏运营商推出了越来越多的道具游戏，用户也逐渐适应了这一模式。调查显示，47.2%的用户经常进行游戏虚拟装备、游戏账号、游戏币的交易；从未进行过交易的用户仅占14.4%。游戏用户交易需求的日益旺盛也促进了虚拟物品交易市场的发展。

4.1.4 中国网络游戏虚拟物品交易市场的阻碍因素

4.1.4.1 虚拟物品交易的安全缺乏保障

通过木马盗窃网络游戏用户的游戏账号、QQ账号、游戏装备等网络虚拟财产的盗窃行为日益猖獗，而制造木马、传播木马、盗取账号、网上销赃已构成了完整的行业链条。在交易安全性得不到保障的情况下，虚拟物品交易市场的发展缺乏坚实的安全保障，无法得到长远的发展。

4.1.4.2 未设立网络游戏虚拟物品交易第三方监管机构

在虚拟物品的纠纷中，如何判定虚拟财产的价值一直是个难题。往往交易双方、用户、游戏运营商、第三方交易平台各执一词，所以建立一个独立的网络游戏虚拟物品交易第三方监管机构是必要的，凡是正式运营的网络游戏运营商，均须向这个机构提供其所运营的网络游戏中各种可交易的虚拟物品的价格并定期更新。同时，这个独立的网络游戏虚拟物品交易监管机构还可以保存用户自愿发送过来的请求保存的信息，只要能够证明保存的这些数据保持了未经过任何删改的原始状态，它们就可能成为法律所认可的证据。这种做法，也为虚拟财产纠纷案中“取证难”的问题提供了一种切实可行的解决途径。在此基础上，推动游戏运营商和第三方交易平台合作，对于行业进行有效的规范。

4.1.5 中国网络游戏虚拟物品交易市场的发展趋势

4.1.5.1 国家对网络游戏虚拟物品交易的监管措施进一步完善

将虚拟货币和虚拟货币交易纳入国家经济管理体系范畴，这在中国的个人虚拟财产问题上具有重大的积极意义，对游戏产业界、学术界以及其他社会各界长期争议的虚拟财产是否等同于现实经济中的财产的问题给出了积极的态度，成为今后规范虚拟财产管理、虚拟财产保护立法等课题的重要开端。

4.1.5.2 道具交易将成为网络游戏的主流盈利模式

2009年以来，在推出的新款网络游戏中，时长免费、以道具服务收费为经营模式的产品的比重占绝对优势。各类虚拟物品的交易已成为一种正在迅猛发展的产业趋势。用户通过在一级市场向游戏运营商购买或在二级市场用户间互相进行有偿转让和购买，获得更多的服务。

4.1.5.3 网络游戏虚拟物品交易平台的竞争日益激烈

随着免费游戏模式的成熟，用户对虚拟物品交易需求的日益旺盛，交易平台市场的发展潜力与商机被越来越多的企业所重视。一方面，专业的第三方交易平台不断涌现；另一方面，淘宝、拍拍等综合 C2C 电子商务平台不断加大在游戏物品交易上的投入。

4.2 中国网络游戏内置广告行业状况

4.2.1 中国网络游戏内置广告实际销售收入

中国网络游戏内置广告（insert gaming advertisement，IGA）市场规模在 2009 年达到 4.2 亿元，比 2008 年增长了一倍。由于广告主加强了对受众群体广泛的游戏内置广告的重视，同时网络游戏公司将游戏作为媒体资源进行深度挖掘，促使网络游戏内置广告市场规模高速增长。此外，13～25 岁年龄段的网民通过网络游戏接触广告的比重也越来越高，网络游戏作为广告载体的价值不断提高。

4.2.2 中国网络游戏内置广告行业的行业特征

4.2.2.1 内置广告的资源使企业更具竞争力

目前，网络游戏媒体主要有以路牌广告、3D 立体物件、特制场景为主的游戏场景内置广告，以及游戏道具赞助，游戏内文字广播，游戏登录、退出时的弹出广告，游戏官方网站广告和游戏形象授权等形式。网络游戏内置广告市场的核心是将游戏媒体资源与广告相结合，因此，拥有游戏资源与广告投放资源的企业拥有更强的竞争力。

4.2.2.2 网络游戏内置广告在金融危机的冲击下保持逆市增长态势

2009年，全球金融危机给传统广告市场造成了极大的冲击。与传统广告相比，网络游戏内置广告的体验度和互动度更高，而干扰性更弱。因此，2009年广告主对受众群体广泛的游戏内置广告非常重视，网络游戏企业，特别是休闲类网络游戏企业为了拓展盈利模式，在游戏上市后也利用媒体资源进行深度挖掘。在广告主与游戏企业的双方努力下，2009年中国网络游戏内置广告市场规模保持了高速增长。

4.2.2.3 社交游戏广告植入市场迅速发展

随着社交游戏的迅速普及，众多广告商也发现了蕴涵于其中的广告机会。2009年，开心网、人人网等SNS网站通过社交游戏吸引了大量的广告投入。其中，开心网与中粮集团合作的“悦活”品牌推广更是成为了网络游戏内置广告营销的经典案例。

4.2.2.4 技术核心类企业遭遇发展瓶颈

技术核心类公司通过自主研发或引进国外技术，在风险投资的赞助下，将全新的网络游戏内置广告发布技术推向市场，同时寻求一些网络游戏公司的配合。此类公司通常有着非常领先的网络游戏内置广告的实现技术，可以十分便捷地在游戏中实现广告的展现。如 NGI、英格美爱，都有国外的技术支持团队，可以将国外先进的网络游戏内置广告的理念和技术引入国内。但因为在部分技术实现上，此类公司需要一些网络游戏公司与其配合、进行系统对接，甚至需要涉及游戏的底层数据，而这一对接会使得网络游戏的数据安全出现不确定性，这使得游戏公司在配合上会出现很大的疑虑，从而成为以技术为核心的网络游戏内置广告公司在发展上遇到的很大的瓶颈。

4.2.2.5 媒体类与代理类公司发展前景良好

媒体类公司和网络游戏公司有着很好的合作关系，或是由网络游戏公司直接发展的分属业务。此类公司除了和网络游戏公司的关系优势外，同时也有着各自的技术优势，因为和网络游戏公司的良好关系，使得它们在技术研发和系统对接上有着先天的优势。通常，都可以实现在游戏中便捷地投放广告。除技术外，该类型的广告公司也有着极强的客户资源，公司的组成人员中有很大部分都会来自广告行业，在这样的一个人员组成下，媒体类的网络游戏内置广告公司，可以很好地控制整个上下游环节，同时通过技术去实现贯通，让客户的广告可以真正有效、直接地投放于游戏内。因此，此类公司在市场上的竞争实力最佳，生存能力也最强。

代理类公司属于单纯的第三方公司，起到了一个将客户和游戏链接的桥梁作用。通常此类公司并没有单纯的技术，也没有网络游戏公司的关系背景，其竞争的核心就是对广告和营销的专业程度、对客户资源的掌控程度，通过专业的营销手段，为客户制定网络游戏的内置营销手段，并推荐给网络游戏公司以促成合作。

4.2.2.6 “横纵结合”的网络游戏内置营销模式开始形成

“横向投放”指整合多款网络游戏的媒体资源。目前中国的网络游戏数量将近400款，每一款游戏仅能覆盖一定数量的网络游戏用户，为了达到良好的广告投放效果，游戏广告企业需要为广告投放企业整合一系列游戏作为游戏载体，并且执行相同的广告展现形式，如：在游戏登录、退出界面进行相同规格的广告形式的统一，通过技术手段在游戏内进行相同方式的文字或图形展现等。

“纵向投放”指在纵深程度上最大限度地挖掘游戏的媒体价值。每款游戏都有其独特之处，结合游戏特点和广告的诉求，有机地在游戏中去展现广告元素，对网游玩家来说可以使其对广告的抵触心理大大降低，甚至是增加了其在游戏中的乐趣，如：使用游戏中的道具、任务，甚至利用一些玩家的属性特点进行广告元素的体现。采用纵向的合作形式，需要游戏广告企业对游戏有全面的了解，对客户诉求有准确的把握。应该说，纵向的合作是网络游戏内置广告的亮点，也是网络游戏与其他媒体的最大区别。

采取“横纵结合”模式的广告主可以使自己的品牌最大限度地覆盖网络游戏玩家，同时在和自己品牌十分契合的游戏中寻找深入的合作，以提升整体宣传的质量，这一营销模式将会有相当的发展前景。

4.2.3 中国网络游戏内置广告行业的驱动因素

4.2.3.1 广大网络游戏用户对游戏内置广告持积极态度

2009年，有23.4%的用户表示喜欢在游戏中看到广告；52.9%的用户对游戏中是否有广告无所谓，只要不影响游戏运行就行；另有23.7%的用户不喜欢在游戏中看到广告，原因是会影响玩游戏时的心情。从该数据可以看出，游戏内置广告仍然处于市场发展的初期，具有较广阔的发展空间。

4.2.3.2 技术革新增强了游戏内置广告的互动程度

网络游戏的最大特性就是实现用户间的互动，从而提升趣味性和黏着度。初期的游戏内置广告多采用以用户简单的“看”为主，而通过在游戏内加入插件、加载广告信息的方式，如网游传媒推出的IGW广告，就可在游戏界面中以插件的方式在游戏内弹出窗口，实现简单的IE操作；或者在游戏内设置漂浮广告，以图形化的模块加载于游戏中，用户可点击出现的模块，从而实现互动；以及采取游戏NPC或3D物件的点击互动的做法，通过与游戏数据的交互实现在游戏中和NPC或者加载的3D模型进行交互，从而实现广告信息的传递。技术的革新，势必会带来越来越多的广告互动形式，丰富网络游戏内置广告的资源，提升广告价值，从而获得客户的认可，占据更多的市场份额。

4.2.3.3 弥补传统媒体与传统互联网广告的不足

以年轻人居多的游戏用户每天接触到电视、报纸、杂志和广播等传统媒体的时间不足半小时，电视、杂志等传统媒体的核心观众数量下滑，部分网络游戏用户甚至几乎不接触任何传统媒体，同时他们对于传统互联网的使用时间也很少，仅限于关注他们所关心的一些网络游戏的网站，他们更多地愿意把大量时间花在游戏中，他们玩网络游戏的时间每天超过4小时，且这部分用户的数量正在快速增加。如何将产品信息有效地传递到用户这里，成为摆在广告主面前的难题，而游戏内置广告则恰好能满足广告主的需求，因此网络游戏作为新媒体弥补了传统媒体覆盖面的不足。庞大的网络游戏市场背后，蕴藏着巨大的品牌推广机遇。

4.2.4 中国网络游戏内置广告行业的阻碍因素

4.2.4.1 游戏用户对内置广告的印象不深

近两年，游戏内置广告市场快速兴起，越来越多的运营商在游戏中内置广告。但是，2009 年只有 11.9%的用户明确表示看到过游戏中内置的广告，而 78.5%的游戏用户不记得是否在游戏中看到广告，还有 9.6%的游戏用户表示从来没有在游戏中看到过广告。这一方面表明目前游戏内置广告的覆盖率已经达到一定的高度，但是另一方面也说明表现方式仍需改进，如何加强游戏用户对于内置广告的印象是迫切需要解决的问题。

4.2.4.2 广告主对 IGA 的效果缺乏客观的监测体系

目前，游戏内置广告还处在初期发展阶段，通过游戏中互动所产生的参与数据对广告主而言还是一种全新的数据体系，他们也无从有效地和其传统推广方式的数据进行准确比对。只有当游戏内置广告的实际利益能够被广告主和游戏运营商充分体验到，他们才会更加主动地推动这个产业的发展。

4.2.5 中国网络游戏内置广告行业的发展趋势

4.2.5.1 深入内置模式将取代简单的广告展示模式

网络游戏给用户带来的是一种娱乐的体验，那么在娱乐的过程中，采用一种有趣的信息传递方式，是品牌客户最期望看到的。让网络游戏用户在游戏的过程中，潜移默化地接受品牌信息，并产生记忆，加深对品牌的好感，这也是网络游戏内置广告有别于传统互联网广告的一个重要特点。初期的网络游戏内置广告多采取单纯的展现，如游戏软件界面中的图形化广告、游戏内的文字化广告或者一些特别的游戏场景广告。随着客户对游戏这一媒体的重视和了解程度的加深，深入化的结合方式也开始被客户重视，如游戏中的道具和任务。如：网游传媒所操作的 Puma F1 的合作案例中，就将 Puma 的鞋子制作成为了《疯狂赛车》游戏中的一款鞋子，同时配合在游戏中开展了相关任务的比赛，这一合作获得了客户和用户的一致认可。深入置入的合作模式，可以为整体合作带来亮点，从而拔高整个合作的定位。但采用这种合作模式，需要较长的沟通和准备时间，所以很难进行大规模操作，同时也需要一定的资金保障。总的来看，就网络游戏置入广告的长远来看，快速、有效地去展现广告信息仍是最核心的方式和特点。

4.2.5.2 网络游戏操作方式的变革带给内置广告更多的市场机遇

用户对游戏的社区性越来越重视，希望自己的一些行为可以影响游戏的环境，这使得网络游戏今后的拟真度将越来越强。用户甚至可以通过一些新型的外设，通过肢体行为在游戏中进行操作，这将使网络游戏拥有非常高的拟真感，在此前提下，许多在真实环境中存在的广告形式或载体可以高还原度地融入游戏中，甚至将游戏内所展现的广告和真实广告相呼应，带给用户百分百的真实体验。

Game

第5部分

中国网络游戏用户构成分析

5.1 中国网络游戏用户性别构成

2009 年，中国网络游戏用户中，男性的比例为 85.4%，而女性的比例仅为 14.6%（见图 5—1）。

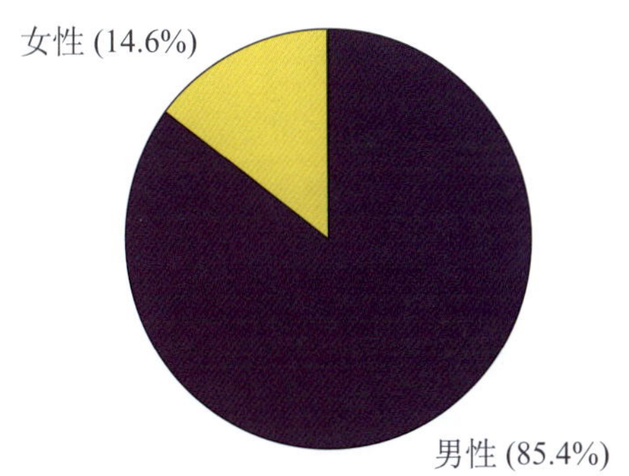

图 5—1　2009 年中国网络游戏用户性别结构

资料来源：GPC 和 IDC，2010。

5.2 中国网络游戏用户年龄构成

2009年，中国网络游戏用户中，21～30岁年龄段的用户数量占较大的比重，比例为41.69%；其次为11～20岁年龄段的用户，比例为24.93%；51岁以上、31～40岁以及41～50岁年龄段的用户比例分别为13.53%、12.05%和7.79%；而10岁以下年龄段的用户数量最少，比例仅为0.01%（见图5—2）。

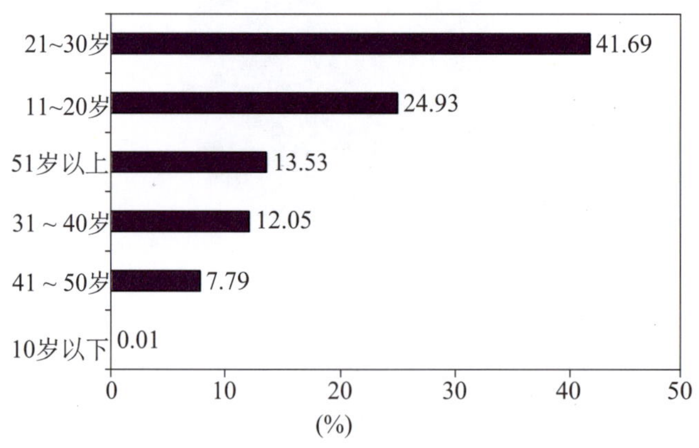

图5—2　2009年中国网络游戏用户年龄结构

资料来源：GPC和IDC，2010。

5.3 中国网络游戏用户职业构成

2009 年，中国网络游戏用户中，各职业用户比重与 2008 年相比差别不大，学生用户的比例仍然最高，为 28.6%（见图 5—3）。

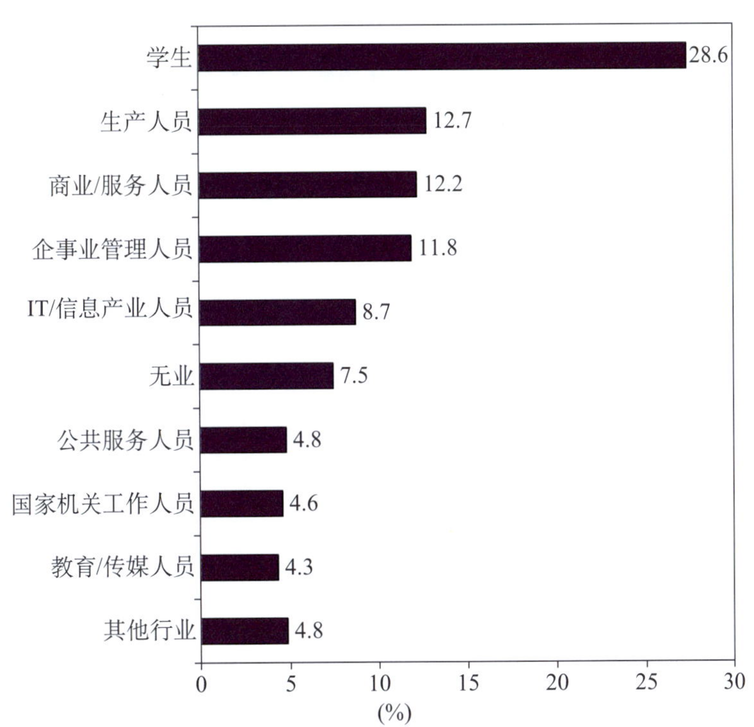

图 5—3　2009 年中国网络游戏用户职业结构

资料来源：GPC 和 IDC，2010。

5.4　中国网络游戏用户收入构成

2009年，中国网络游戏用户中，低收入档的用户占有较大比例，如：收入为1 501～2 000元者，占32.9%；收入为500元以下者，占22.3%；收入为1 001～1 500元者，占12.3%（见图5—4）。

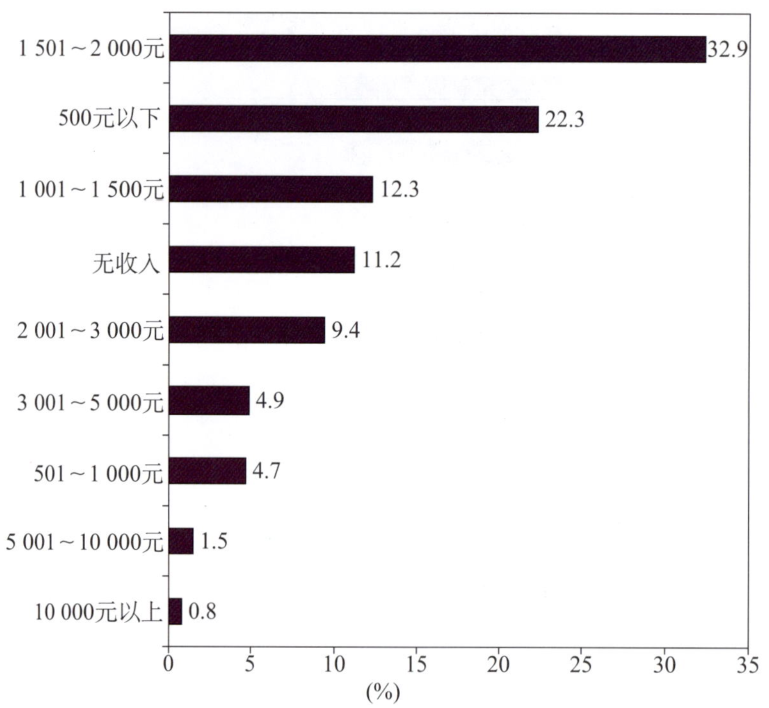

图5—4　2009年中国网络游戏用户收入结构

资料来源：GPC和IDC，2010。

5.5 中国网络游戏用户受教育程度

2009 年，中国网络游戏用户中，有 4 类学历档的用户占有超过 10%的比例，分别是：大专，占 40.8%；高中（中专、技校），占 22.4%；初中以下，占 16.3%；本科，占 13.0%（见图 5—5）。与 2008 年相比，用户的受教育结构发生了较大的变化。

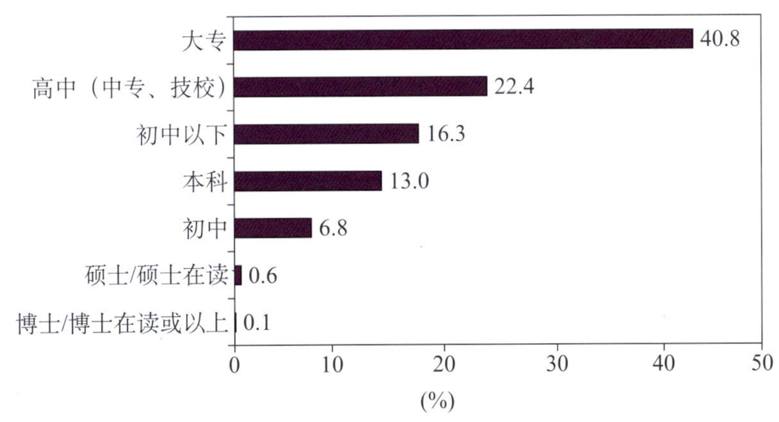

图 5—5 2009 年中国网络游戏用户受教育结构

资料来源：GPC 和 IDC，2010。

Game

附 录

附录 1　报告术语

1　游戏定义及分类

1.1　电子游戏的定义

电子游戏指用户通过电子设备（如电脑、游戏机等）进行游戏的一种娱乐方式，运行于电子设备上的游戏内容属于电子出版物或互联网出版物的一类。

1.2　电子游戏的分类

电子游戏有多种分类方式，按照游戏运营平台的不同可以分成电脑（PC）游戏、手机游戏与专用游戏设备游戏，按照游戏运行对于网络环境的需求可以分成单机游戏与网络游戏（见图 1）。

1.3　电脑（PC）游戏的定义与分类

电脑游戏（PC games）：指用户通过运行在电脑上的游戏软件与电脑或者其他用户进行交互游戏的娱乐方式。按照游戏运行对于网络环境的需求状况，电脑游戏可以分成单机游戏与网络游戏两种。

单机游戏（single PC games）：也称电子游戏出版物，以独立的电脑软硬件设备为依托，主要供单人或利用 IPX/SPX 协议供有限数量的用户在局域网中玩的游戏。按照游戏内容，单机游戏也可以

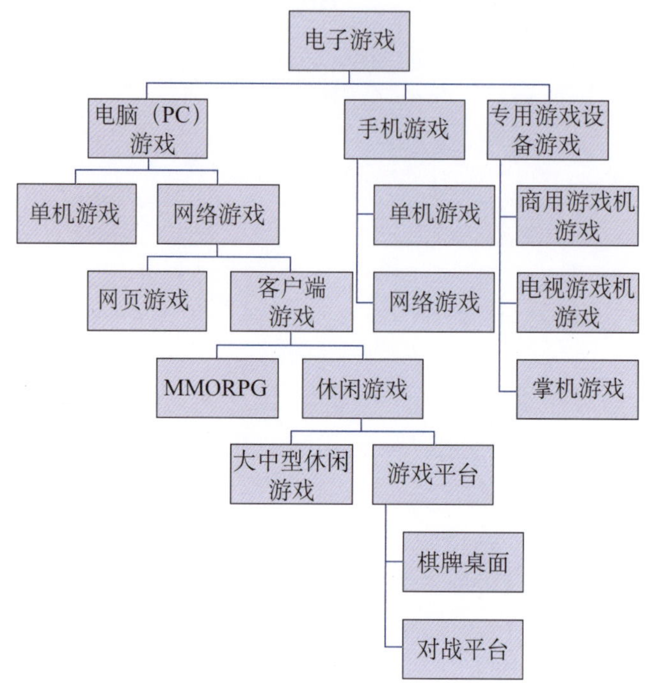

图 1　电子游戏分类

资料来源：GPC 和 IDC，2010。

分为动作游戏（ACT）、角色扮演（RPG）、第一人称射击（FPS）、冒险游戏（AVG）、策略游戏（SLG）以及运动游戏（SPT）等类型。

网络游戏（online games）：也称网络游戏出版物，通常指以电脑为游戏平台，以互联网为数据传输渠道，利用 TCP/IP 协议或者 IPX/SPX 协议实现多个用户同时参与的游戏产品，可以多人同时参与，用户可以通过控制游戏中人物角色或者场景与其他用户进行互动，实现娱乐、交流的目的。

按照游戏运行方式，可将网络游戏分为客户端游戏与网页游戏两种类型。

（1）客户端游戏（download online games）：指用户必须在电脑中安装客户端软件，并通过此软件接入游戏服务器，与其他游戏用户进行互动娱乐。客户端游戏可细分为大型角色扮演类网络游戏与休闲游戏两种类型。

■ 大型角色扮演类网络游戏（MMORPG）：大型角色扮演类网络游戏使所有的用户都存在于一个大的虚拟世界中，用户可以通过扮演拥有不同特点的角色体验虚拟生活，游戏一般具有故事背景和故事情节，并且随着玩家游戏过程的进行情节可以持续发展。用户在游戏中扮演一个游戏角色，在虚拟游戏世界中与其他用户扮演的游戏角色进行互动。市场上比较著名的 MMORPG 游戏有《永恒之塔》、《诛仙 2》等游戏。

■ 休闲游戏（casual game）：此类游戏采用平台竞技方式进行，游戏以“局”的形式存在，每局游戏参与的用户数量相对较少。一局游戏在一段时间内结束，此类游戏以纯粹娱乐为主，不强调游戏故事背景与情节。

◆ 大型多人在线休闲游戏：该休闲游戏类型的特点主要有两点：第一，独立运营，无须支持平台；第二，容量较大（该类产品容量小则数十兆，多则在百兆甚至千兆以上）。目前中国网络游戏市场中常见的大型多人在线休闲游戏类型主要包含以下 4 种类型，随着产品创新的发展，未来大型多人在线休闲游戏类型会进一步丰富。

● 大型多人在线第一人称射击游戏 MMOFPS：该游戏类型英文名称为 Massive Multiplayer Online First-Person Shoot，用户可以以第一视角控制游戏角色与其他游戏用户进行对抗。如《穿越火线》、《反恐精英 OL》。

● 大型多人在线音乐游戏 MMORG：该游戏类型英文名称为 Massive Multiplayer Online Rhythm Game，游戏的操作需要以音乐背景为基础，用户按照节奏对游戏角色或者场景进行操作。目前国内市场常见的音乐类网络游戏有《劲舞团》、《QQ 炫舞》等。

● 大型多人在线体育游戏 MMOSG：该游戏类型英文名称为

Massive Multiplayer Online Sports Game，游戏形式以模拟现实体育竞技内容为主，常见的产品有《体育帝国》、《街头篮球》等。

◆ 大型多人在线赛车游戏 MMOR：该游戏类型英文名称为 Massive Multiplayer Online Racing，用户可以在游戏场景中驾驶赛车与其他用户进行实时竞技。常见的赛车类网络游戏有《跑跑卡丁车》、《飙车》等。

◆ 棋牌休闲游戏平台：此种平台是以对战性、竞技性强的棋牌类游戏为主要内容，一个平台往往包含多种游戏，游戏玩家通过平台与其他玩家在棋牌游戏中对战、竞技。此类游戏平台有联众世界、QQ 对战平台等。

◆ 对战平台类网络游戏：对战平台类网络游戏（或理解为对战平台）自身往往没有特定的游戏内容，其主要功能是利用虚拟专用网络技术（VPN），将具有局域网对战特性的单机游戏通过互联网途径实现多人同时操作。目前中国常见的对战平台有盛大网络的“浩方对战平台”、腾讯公司的“QQ 对战平台”等。

（2）网页游戏（web game）：又称无端网络游戏，是基于网络浏览器的多人在线互动游戏。用户无须下载客户端，只要打开网页就可以玩网页游戏。目前国内的网页游戏以战争策略类为主，例如《纵横天下》、《部落战争》等。

按研发主体可将网络游戏分为自主研发游戏与代理引进游戏两种类型。

1.4 手机游戏的定义与分类

手机游戏指以手机为运行平台的游戏方式。按照表现形式可将手机游戏分为短信游戏、Wap 游戏、嵌入式游戏、Java 游戏和 Brew 游戏；按照游戏模式可将其分为单机游戏与网络游戏。

1.5 专用游戏设备游戏的定义与分类

专用游戏设备游戏是指以专为游戏设计的计算机设备为运行平台的游戏方式，此类设备包括商用游戏机游戏（arcade）、电视游戏机游戏（game console）和掌机游戏（handheld game console）三种类型。

2 游戏产业链各环节定义

- 网络游戏产品开发商：指网络游戏产品的研发厂商，拥有自己的研发团队。开发商往往采取出售游戏产品给运营商或者与运营商利润分成等方式盈利。
- 网络游戏产品运营商：指直接为用户提供网络游戏服务的厂商。运营商往往采取代理网络游戏产品的做法，通过发行充值卡的方式进行盈利，其负责产品的营销宣传以及渠道建设。[①]
- 网络游戏充值卡：充值卡又可称做点卡，指用户通过现实货币购买用于游戏中角色装备操作或者游戏时间的虚拟交易介质，这种虚拟交易介质通常以虚拟货币的形式为主。
  - 实物充值卡：用户在充值卡交易过程中无须其他电子显示设备支持，以纸质材料为交易物的充值卡，无论是纸质卡片还是交易现场打印的充值卡，均算作实物充值卡。
  - 虚拟充值卡：与实物充值卡不同，虚拟充值卡需要电子显示设备，如电脑、手机等接收设备的支持，交易过程中并没有使用记录充值账号的纸质材料。

① 目前中国网络游戏市场相当数量的厂商采取产品研发与运营兼营的模式。

• IDC（internet data center）提供商：为游戏运营商提供服务器托管、带宽租用、服务器租用等 IDC 服务的厂商，如中国联通、世纪互联、帝联科技等。

• 电信运营商：提供基础电信业务的公司，如中国电信、中国联通及各地分公司。有很多电信公司已经开始同网络游戏出版运营公司合作或单独成立公司运营网络游戏，如四川电信、上海热线、深圳电信、重庆电信等。

• 网络游戏用户：本报告把网络游戏用户定义为在一年中每月至少玩一次网络游戏的用户。网络游戏用户一定是互联网用户。网络游戏用户中部分为付费用户，其他为免费用户。

• 网络游戏开发公司或团队（仅限于中国自主研发客户端网络游戏企业调查，手机网络游戏开发公司、纯 Web 网络游戏开发公司与纯网络游戏运营公司暂不列入调查范围）：有一款或一款以上自主开发的网络游戏，处于开发阶段的网络游戏至少已达到可演示阶段；独立的程序或美工外包公司需有一款或一款以上成功合作案例，该案例所涉及的产品应至少达到可演示阶段。

网络游戏开发公司或团队（仅限于中国自主研发客户端网络游戏企业调查）所处地区划分如下：

北京

上海

江浙地区：杭州、苏州

福建地区：福州、厦门

广东地区：广州、深圳、珠海

川渝地区：成都、重庆

香港地区：香港

其他地区：西安、武汉

3 网络游戏术语说明

- 网络游戏用户数：指互不重叠的、在一年中每月至少玩一次游戏的用户总数量。

- 网络游戏市场实际销售收入：以货币衡量的所有付费用户每年玩网络游戏（包括客户端网络游戏与网页游戏）的直接花费的总和。这里的直接花费是指购买包月卡、点卡、虚拟道具等直接花费，不包括游戏用户的上网费用、电话费用、购买相关软件和资料的费用。直接花费可以通过实卡方式购买，也可以通过虚拟卡方式（通过网上银行等购买点卡或者包月卡）获得。

- 网络游戏虚拟物品（virtual items）：虚拟物品是从网络游戏中衍生出来的无法物理感知的物品，其存在形式为游戏服务器上的电磁信号。网络游戏虚拟物品主要包括网络游戏中的虚拟道具、虚拟货币以及游戏账号。

- 游戏内置广告（in-game advertisement）：即在游戏中出现的商业广告，它以游戏的用户群为基础，通过设定条件，在游戏中适当的时间、适当的位置出现。与普通的商业广告不同，这种广告所借助的载体是网络游戏平台。

- ARPU 值：即游戏用户每月平均贡献的收益。通常 ARPU 的计算方法为：ARPU（元/月）＝游戏企业月总收入/游戏企业月付费用户数。

- PCU：最高同时在线用户（peak cocurrent user），指某个时段内某款游戏最高同时在线的用户数。

- ACU：平均同时在线用户（average cocurrent user），指某个时段内某款游戏在线人数的平均数量。

附录 2　调查方法

1　数据采集方法

网络问卷调查：在人民网、新浪网、17173. com、178. com 等访问率高的网站开设“2009 年度游戏产业调查活动”专题网页，投放《2009 年度游戏产业调查问卷》，公众以在线方式填写并上传调查问卷。

企业问卷调查与电话访问：向网络游戏产品开发商、游戏运营商、网络游戏渠道发放并回收《2009 年度游戏企业调查问卷》，结合电话访问进行调查。

面访：分析员对有代表性的游戏研发商、游戏出版商、游戏运营商、游戏渠道及电信运营商进行直接面访，就专题展开深度调查。

手机投票：对于用户最喜欢的网络游戏的调查开通手机投票的方式。

案头研究：

IDC 全球研究数据库

被研究公司网站、产品及市场宣传资料

相关展览会、报告会、研讨会

IT 及专业媒体、报刊

中国经济新闻库

中国统计数据库

2 数据分析方法

频次分析
皮尔逊拟合优度卡方检验
相关分析
方差分析

3 质量控制方法

为确保此次市场调研的质量，采用如下措施控制调研质量。

从多种渠道获取数据：获取数据的渠道包括网络游戏用户、电信运营商、网络游戏运营商、电脑单机游戏出版发行商、数据库和公开媒体等，通过对从这些渠道获取的数据比较、分析，得出正确结论。

采用多种方式获取数据：网上调查、媒体问卷调查、面访、电话访问等。

对问卷的复查：质量控制部门对所有问卷进行复查，发现问题后再重新访问。

电话回访：由质量控制部门对所访问的用户做抽查访问，以确保结果的可靠。

网上调研的 IP 地址监测：对于所有网上的调研都采用了 IP 地址监测技术，如果同一 IP 地址的回答问卷超过一定数量，则视为作废，同时通过比较 IP 地址同各地理区域的关系以确保数据的准确。

内部答辩：研究报告稿送研究专家小组审阅，由研究专家小组召集答辩会，以解决研究中可能存在的全部潜在问题。

4 中国游戏用户构成分析

数据来源：2009 年中国游戏调查中的游戏用户调查活动。

收录样本总数：570 000 份。

筛选有效样本数：29 392 份。

调研与分析时间：2009 年 10 月 15 日—2009 年 12 月 30 日。

附录 3　2009 年中国游戏产业年会“金凤凰奖”获奖名单

2009 年度最受欢迎的网络游戏（奖项数量 10 名）		
1	地下城与勇士	腾讯
2	永恒之塔	盛大
3	诛仙 2	完美世界
4	天龙八部	搜狐畅游
5	问道	光宇华夏
6	穿越火线	腾讯
7	征途	上海巨人
8	成吉思汗	麒麟网
9	反恐精英 OL	世纪天成
10	风云	盛大

2009 年度最受欢迎的民族网络游戏（奖项数量 10 名）		
1	诛仙 2	完美世界
2	天龙八部	搜狐畅游
3	问道	光宇华夏
4	征途	上海巨人
5	成吉思汗	麒麟网
6	风云	盛大
7	QQ 炫舞	腾讯
8	倚天剑与屠龙刀	蓝港在线
9	兽血沸腾	百游汇
10	赤壁	完美世界

2009 年度最受欢迎的休闲网络游戏（奖项数量 10 名）		
1	穿越火线	腾讯
2	反恐精英 OL	世纪天成
3	QQ 炫舞	腾讯
4	跑跑卡丁车	世纪天成
5	冒险岛	盛大
6	劲舞团	久游
7	体育帝国	上海巨人
8	街头篮球	天游软件
9	炫舞吧	蓝火炬软件/光宇
10	飙车	天纵网络

2010 年度最受期待的网络游戏（奖项数量 10 名）		
1	星辰变 Online	盛大
2	鹿鼎记	搜狐畅游
3	梦幻聊斋	麒麟网
4	西游记	蓝港在线
5	魔界 2	金酷
6	降龙之剑	完美世界
7	万王之王 3	征途
8	天骄 3	光宇华夏
9	三国群英传 OL2	第九城市
10	轩辕传奇	腾讯

2009 年度最佳休闲网络游戏平台（网站）（奖项数量 5 名）	
1	腾讯 QQ 游戏
2	盛大平台
3	开心网
4	浩方电竞平台
5	联众世界

2009年度中国游戏新锐人物奖（奖项数量10名）		
1	陈德文	北京畅游时代数码技术有限公司
2	马晓轶	深圳市腾讯计算机系统有限公司
3	苏华舟	厦门吉比特网络技术有限公司
4	汪海兵	上海淘米网络科技有限公司
5	周亚辉	北京昆仑万维科技有限公司
6	彭海涛	成都星漫科技有限公司
7	许　帆	上海绿岸网络科技有限公司
8	张　云	深圳中青宝网科技股份有限公司
9	张福茂	北京漫游谷信息技术有限公司
10	刘　阳	北京新娱兄弟网络科技有限公司

2009年度中国游戏企业新锐奖（奖项数量10名）	
1	北京昆仑万维科技有限公司
2	北京游卡桌游文化发展有限公司
3	上海淘米网络科技有限公司
4	北京万维天空科技有限公司
5	火石软件（广州）有限公司
6	上海晨路信息科技有限公司（九维互动）
7	上海绿岸网络科技有限公司
8	成都星漫科技有限公司
9	北京新娱兄弟网络科技有限公司
10	山西问天科技股份有限公司

2009年度十大最受欢迎的网页游戏		
1	摩尔庄园	上海淘米网络科技有限公司
2	热血三国	杭州乐港科技有限公司
3	天书奇谈	千橡互动集团
4	大海战	盛大游戏有限公司
5	昆仑世界	北京昆仑万维科技有限公司
6	商业大亨	动网先锋网络科技有限公司
7	武林英雄	上海晨路信息科技有限公司
8	武林传奇2	北京新娱兄弟网络科技有限公司
9	飞天西游	蓝港在线（北京）科技有限公司
10	决战天下	北京游刃互动科技有限公司

2009 年度十大最受欢迎的原创手机游戏		
1	赤壁 Online	北京雅哈信息技术有限公司
2	封神 Online	北京空中信使信息技术有限公司
3	帝国 Online	北京拉阔游戏软件开发有限公司
4	疯狂坦克	上海风线数码科技有限公司
5	拇指大富翁	广州超域龙腾科技有限公司
6	霸王Ⅱ Online	宁波指游信息技术有限公司
7	文明 2	广州盈正信息技术有限公司
8	武林 Online	北京掌上明珠信息技术有限公司
9	宝贝国度	成都飞掌科技有限公司
10	诛神 Online	北京呈天时空信息技术有限公司

2009 年度中国十佳游戏媒体	
1	17173
2	新浪游戏频道
3	《大众软件》
4	《家用电脑与游戏》
5	腾讯游戏频道
6	《电脑商情报·游戏天地》
7	电玩巴士
8	《游戏基地》
9	人民网游戏频道

2009 年度中国游戏产业最具影响力人物奖（奖项数量 10 名）		
1	陈天桥	上海盛大网络发展有限公司
2	池宇峰	北京完美时空网络技术有限公司
3	史玉柱	上海巨人网络科技有限公司
4	求伯君	北京金山数字娱乐科技有限公司
5	张朝阳	搜狐公司
6	李　瑜	盛大游戏有限公司
7	尚　进	北京麒麟网信息科技有限公司
8	王　峰	蓝港在线（北京）科技有限公司
9	刘德建	福建天晴数码有限公司
10	陈一舟	千橡互动集团

2009年度中国十佳游戏运营商	
1	盛大游戏有限公司
2	北京完美时空网络技术有限公司
3	上海巨人网络科技有限公司
4	深圳市腾讯计算机系统有限公司
5	北京畅游时代数码技术有限公司
6	北京金山数字娱乐科技有限公司
7	广州网易互动娱乐有限公司
8	北京光宇华夏科技有限责任公司
9	北京麒麟网信息科技有限公司
10	久游网

2009年度中国十佳游戏开发商	
1	北京完美时空网络技术有限公司
2	北京金山数字娱乐科技有限公司
3	深圳市腾讯计算机系统有限公司
4	盛大游戏有限公司
5	上海巨人网络科技有限公司
6	北京麒麟网信息科技有限公司
7	广州网易互动娱乐有限公司
8	北京畅游时代数码技术有限公司
9	福建天晴数码有限公司
10	蓝港在线（北京）科技有限公司

2009年度中国民族游戏海外拓展奖（奖项数量29名）	
1	广州网络游戏数码科技有限公司
2	上海第九城市信息技术有限公司
3	海口动网先锋网络科技有限公司
4	上海游趣网络科技有限公司
5	广州市百游汇数码网络科技有限公司（简称“百游”）
6	成都汉森信息技术有限公司
7	上海鸿利数码科技有限公司（金酷）
8	蓝港在线（北京）科技有限公司
9	北京漫游谷信息技术有限公司

10	北京完美时空网络技术有限公司
11	杭州乐港科技有限公司
12	北京畅游时代数码技术有限公司
13	广州金山多益网络科技有限公司
14	上海晨路信息科技有限公司
15	上海巨人网络科技有限公司
16	深圳市网域计算机网络有限公司
17	上海格锐讯通网络科技有限公司
18	北京新娱兄弟网络科技有限公司
19	杭州泛城科技
20	北京光辉互动网络科技有限公司
21	北京像素软件科技股份有限公司
22	上海灵禅信息技术有限公司
23	久游网
24	苏州市蜗牛电子有限公司
25	福建天晴数码有限公司
26	盛大游戏
27	空中网大承网络
28	珠海金山软件有限公司
29	目标软件（北京）有限公司

2009 年度最受欢迎的单机游戏（奖项数量 10 名）		
1	《魔法门之英雄无敌》完美珍藏版	上海育碧软件科技有限公司
2	极品飞车：生死卡本谷	EA 中国
3	猎杀潜航 4：太平洋海狼	上海育碧电脑软件有限公司
4	彩虹六号：拉斯韦加斯	上海育碧软件科技有限公司
5	仙剑奇侠传 4	游戏天堂电子科技（北京）有限公司
6	三国群英传Ⅶ	游戏天堂电子科技（北京）有限公司
7	大航海：纪元 1701	北京娱乐通科技发展有限公司
8	极品飞车：无间追踪	EA 中国
9	波斯王子	上海育碧软件科技有限公司
10	英雄无敌Ⅴ：东方部落	上海育碧电脑软件有限公司

2009 年度中国游戏产业支持奖（奖项数量，不限）	
1	中国互联网协会网络版权联盟
2	中国青少年网络协会
3	大连高新技术产业园区管理委员会
4	湛江市公安局网监支队

2009 年度最受欢迎的游戏硬件（奖项数量，不限）	
1	三星显示器
2	戴尔笔记本
3	华硕笔记本
4	东芝笔记本

2009 年度中国游戏产业年会特别奖（奖项数量 5 名）	
1	成都汉森信息技术有限公司
2	千橡互动集团
3	北京德帕亿博科技发展有限公司
4	网龙网络有限公司
5	陕西游久数码科技有限公司

附录 4　2009 年度 China Joy “金翎奖”获奖名单

网络游戏类：		
玩家最喜爱的十大网络游戏		
1	天龙八部	搜狐畅游
2	诛仙	完美时空
3	地下城与勇士	腾讯
4	跑跑卡丁车	世纪天成
5	成吉思汗	麒麟游戏
6	永恒之塔	盛大游戏
7	梦幻西游	网易
8	征途	巨人网络
9	传奇世界	盛大游戏
10	剑侠世界	金山

玩家最期待的十大网络游戏		
1	星辰变 Online	盛大游戏
2	剑仙	搜狐畅游
3	九阴真经	游戏蜗牛
4	奇迹传说	九城
5	梦幻诛仙	完美时空
6	飘邈之旅	游戏新干线
7	剑侠情缘网络版 3	金山
8	万王之王 3	巨人网络
9	神兵传奇	久游网
10	QQ 仙侠传	腾讯

最佳原创网络游戏（奖项数量 5 名）		
1	刀剑英雄 2	搜狐畅游
2	QQ 炫舞	腾讯
3	神鬼传奇	完美时空
4	诸侯	鸿利数码
5	剑侠情缘网络版 3	金山

最佳境外网络游戏（奖项数量 3 名）		
1	魔兽世界：燃烧的远征	网易
2	地下城与勇士	腾讯
3	永恒之塔	盛大游戏

最佳 3D 网络游戏（奖项数量 3 名）		
1	精武世界	联众世界
2	永恒之塔	盛大游戏
3	指环王 Online	CDC Games

最佳 Q 版网络游戏（奖项数量 3 名）		
1	SD 敢达 Online	久游网
2	开心	网龙
3	LUNA	天游

网页游戏类： 玩家最喜爱的十大 Webgame		
1	三国风云	昆仑在线
2	武林英雄	九维网
3	九洲战记	九城
4	决战天下	有趣网
5	天书奇谈	千橡游戏
6	云之秘境	薇拉
7	指挥官 2146	尚娱科技
8	英雄之城	游戏蜗牛
9	纸上谈兵	众诚协作
10	商业大亨	动网先锋

手机游戏类：		
最佳手机单机游戏（奖项数量 5 名）		
1	X. Dancery	空中网
2	恶灵来袭	广州盈正
3	帝国时代 3	格融科技
4	失魂引	冰晶石
5	夜舞精灵	飞思畅想

最佳手机网络游戏（奖项数量 10 名）		
1	口袋精灵	随手互动
2	封神 Online	空中网
3	九州 Online	深蓝创娱
4	诛神 Online	呈天游
5	帝国	拉阔游戏
6	天域 Online	鼎讯互动
7	女儿国 Online	掌上世界
8	契约 Online	数字顽石
9	明珠三国	掌上明珠
10	天下	数字狗狗

媒体类：	
最佳游戏动漫网络媒体（奖项数量 10 名）	
1	腾讯游戏
2	太平洋游戏网
3	新浪游戏
4	766 游戏网
5	17173
6	52PK 游戏网
7	一起手游网
8	7yx 游戏网
9	游久网
10	多玩游戏网

最佳游戏动漫平面媒体（奖项数量 10 名）	
1	软件与光盘
2	电子竞技杂志
3	数码设计
4	动漫周刊
5	游戏基地
6	电脑游戏新干线
7	电脑报
8	家用电脑与游戏
9	电脑乐园——学生电脑
10	电脑商情报·游戏天地

最佳游戏动漫视频媒体（奖项数量 5 名）	
1	数字 E 族
2	WOYO 网
3	悠视网
4	PLU
5	土豆网

附录5　中国网络游戏产业主流厂商竞争分析

腾讯

腾讯业务结构

腾讯成立于1998年11月，并于2004年6月16日在香港联交所主板公开上市（股票代号：00700）。以旗下的即时通信软件QQ为核心，腾讯打造了即时通信工具QQ，网络媒体业务如腾讯网，无线互联网增值业务，互动娱乐业务如《地下城与勇士》、《穿越火线》等网络游戏及QQ游戏平台，以及电子商务拍拍网等业务模块，形成了中国规模最大的互联网企业。

在满足用户信息传递与知识获取的需求方面，腾讯拥有门户网站腾讯网、即时通信工具QQ、QQ邮箱和SOSO搜索；在满足用户群体交流和资源共享方面，腾讯推出的QQ空间、聊天室、QQ群相互协同；在满足用户个性展示和娱乐需求方面，腾讯拥有非常成功的虚拟形象产品QQ秀、QQ宠物、QQ游戏和QQMusic/Radio/Live（音乐/电台/电视直播）等产品，还为手机用户提供了多种无线增值业务；在满足用户的交易需求方面，腾讯提供了C2C电子商务平台拍拍网（见图1）。

作为中国互联网服务市场的领先者，2009年腾讯在互联网增值服务方面取得了巨大突破，运营收入达到95.3亿元，比2008年增长93.9%。特别是在游戏运营方面，凭借多元化的产品组合，腾讯依托庞大的QQ用户群，以QQ游戏平台为基础，在《穿越火线》、《地下

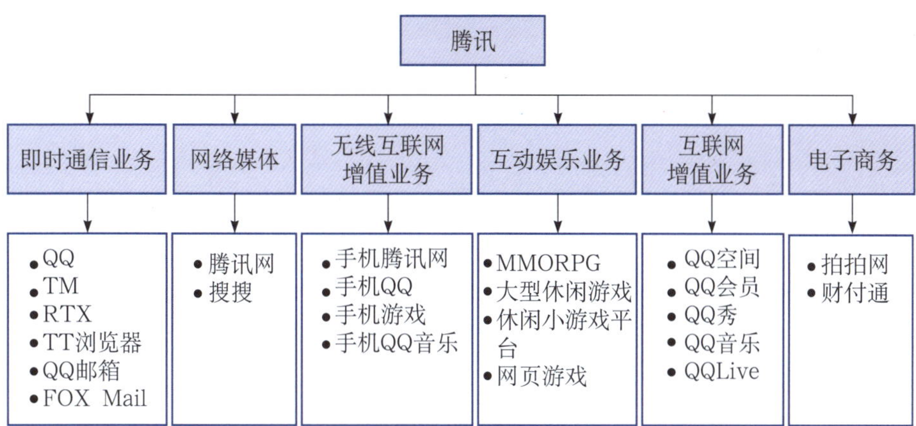

图 1　腾讯业务结构

资料来源：IDC 和 GPC，2010。

城与勇士》等大型 MMO 游戏商业化运作上取得了巨大的成功（见图 2）。网络游戏业务已经成为腾讯整体发展战略中的支柱性业务之一。

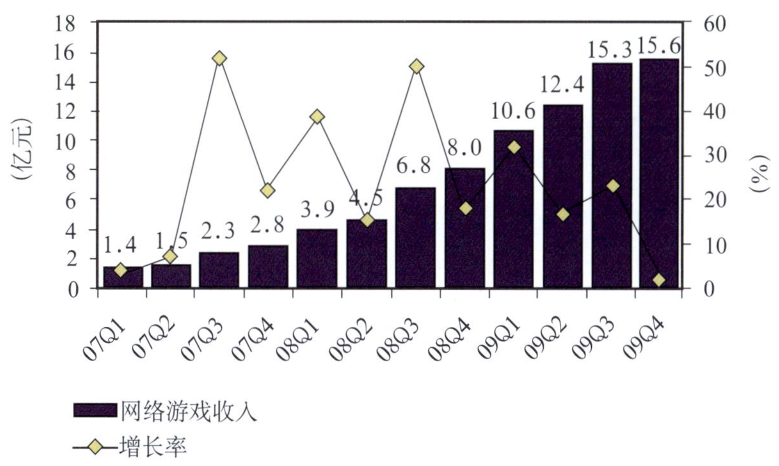

图 2　腾讯网络游戏收入及增长率（2007—2009 年）

资料来源：IDC 和 GPC，2010。

腾讯游戏业务的 SWOT 分析

腾讯的优势与机会：

- QQ 平台带来庞大的游戏用户群：中国的网络游戏用户群与

QQ用户群具有高度重合性。调查表明，高达96.5%的网游用户都会使用腾讯QQ作为主要即时通信工具。庞大的QQ用户群无疑是腾讯所占据的最重要的资源。在这一平台上，腾讯可以快速扩张自己的产品线，并且通过细分用户群进行强有力的游戏线上推广。相对于其他网络游戏运营商，这是腾讯的核心竞争力之一。

- 产品线布局齐全，业务发展均衡：2009年，腾讯新上线6款游戏，其中MMORPG占据了5款，腾讯之前的短板MMORPG产品线增加了《大明龙权》与《QQ仙侠传》等精品游戏，加上此前在大型休闲游戏与棋牌游戏平台上的优势，腾讯可谓网络游戏全业务运营。此外，腾讯无论是代理产品（《地下城与勇士》、《穿越火线》、《寻仙》），还是自主研发产品（游戏平台、QQ幻想、QQ飞车），均有成功案例。借助庞大的用户平台基础，腾讯可以迅速复制成功经验和成功产品，因此发展平稳而且快速。

腾讯的劣势与威胁：

- 自主研发能力有待加强：目前腾讯的大型网络游戏业务90%以上的收入都来自代理的游戏，自主研发的《QQ三国》、《QQ堂》表现平平，这也使得腾讯的游戏业务利润率大大低于完美时空、巨人网络等自主研发公司。为了弥补这一劣势，腾讯最近大力扩张自有研发团队，旗下逐渐聚集了一大批优秀的游戏制作人员，计划于2010—2011年推出《QQ西游》、《轩辕传奇》等多款自主研发的网络游戏，但其自主研发能力尚未得到市场认可。

- 地面推广能力不足：线上推广与地面推广是网络游戏市场推广的两大支柱，虽然腾讯具有很强的线上推广能力，但地面推广在现阶段仍然是游戏运营商扩大新用户群、提升游戏用户付费率的主要手段。目前腾讯的地面推广力量非常薄弱，这对腾讯提升用户付费率是一个不利因素。

盛大

盛大业务结构

盛大成立于1999年11月，2001年9月开始网络游戏的运营，于2004年5月在纳斯达克上市。2009年9月，盛大分拆游戏业务在纳斯达克上市。

经过10年的发展，盛大通过多方收购兼并已经发展成为集互动娱乐产品开发、运营与销售于一体的大型数字娱乐集团，旗下业务涉及网络游戏、网络文学、数字音乐、网络视频、影视传媒等多个业务板块，产品服务全面且多样化。2009年，盛大进一步在数字娱乐领域布局，一步步实现其数字迪士尼的愿景，主要的业务发展如下（见图3）：

- 盛大游戏：盛大游戏向用户提供包括MMORPG、大型休闲游戏等产品在内的开发及运营服务。2009年9月，盛大游戏在纳斯达克分拆上市，融资额为10亿美元。
- 盛大在线：通过统一的用户认证管理、广泛的收费渠道、高效的支付与计费系统、周到的客户服务等，为上述互动娱乐内容提供运营和出版平台。目前，盛大在线正在建立一个基于互联网的、向第三方内容制造商提供云计算与云服务的平台，服务内容也将扩大到与用户相关的计费、认证、注册、付费、推广、客服、内容下载等，以及与客户相关的沟通及社区服务，如邮件、即时信息、社交网络服务，等等；除此之外，还包含了数据分析、挖掘服务。
- 盛大文学：通过整合国内优秀的原创网络文学力量，盛大文学已经成为中国网络文学领域的领导者。盛大文学目前拥有的全资公司和投资公司有起点中文网（www. qidian. com）、晋江原创网（www. jjwxc. net）、红袖添香网站（www. hongxiu. com）。目前，盛大文学拥有近500亿字的原创文学版权，每天近6 000万字的网络文学新增量，日平均访问量4亿次，日最高访问量5亿次，占有网络原创文学90%以上的市场份额。注册用户超过4 300万，分布在全球两百多个国家和地区。

- 无线增值服务与网络视频业务：2009年6月，盛大网络以4 260万美元收购了华友世纪51%的股份。华友世纪是一家纳斯达克上市公司。华友集团在中国的艺人经纪、音乐制作及无线音乐分发领域占有领先地位。同时，华友世纪也通过其关联公司从事音乐会和其他音乐活动的组织业务。华友世纪在音乐和音乐相关产品以及其他移动增值服务领域也占据领先地位。2009年11月，酷6与华友世纪通过换股的方式合并，成为华友世纪的全资子公司。酷6是中国领先的网络视频分享网站。

- 18基金：18基金是盛大游戏旗下、全国首创且规模最大的网游创投基金，投资范围覆盖创意、人才、创业团队、成熟企业、早期网游产品、半成品网游、成熟网游精品等网游相关的各个方面。作为第一只专注的产业游戏基金和第一只有成功案例的基金，截至2009年3月31日，18基金已经成功投资近40款游戏或游戏公司，涉及金额近5亿元，创造了近2 000个就业机会。

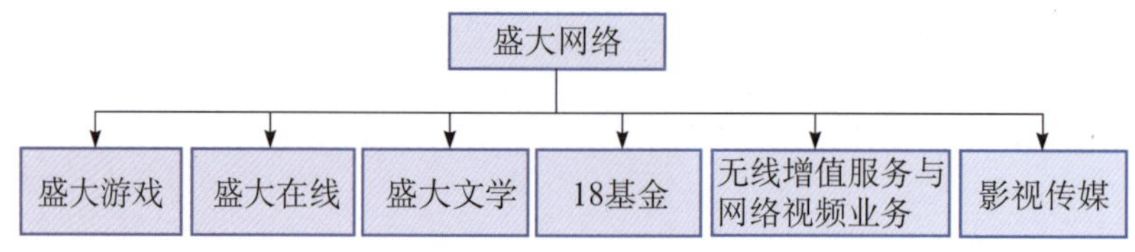

图3　盛大业务结构

资料来源：IDC和GPC，2010。

- 影视传媒：2009年11月，盛大网络与湖南广电宣布达成战略合作，双方将共同出资6亿元人民币成立盛世影业有限公司。盛世影业将主营电影和电视剧的制作、发行及相关衍生业务，还包括艺人经纪服务和相关服务业务。

2009 年盛大净营业收入达到 48.07 亿元，比 2008 年增长 42%，延续了 2008 年的增长态势。其 CSP 平台发展战略的正确性得到了证实，依然具有很大的发展潜力。

盛大游戏产品线分析

在中国游戏市场上，盛大游戏产品线品种最为齐全，运营游戏的数量也是首屈一指。

从盛大 2008 年的收入构成来看，MMORPG 依然是盛大的主要收入来源，占整体收入的 83.6%。用户付费比率高、付费金额高的特性依然是 MMORPG 游戏业务保持高速发展的主要驱动因素。其中《热血传奇》、《传奇世界》和《彩虹岛》等几款主要游戏贡献了绝大部分收入。

相对 2007 年，盛大休闲游戏收入在 2008 年保持非常平稳的状态，这与 2008 年整个休闲游戏市场的发展状况相吻合。2008 年，盛大进一步加快了在休闲游戏各个子市场的布局，产品覆盖赛车类、音乐类、射击类、格斗类等类别，特别是在赛车竞速类游戏上更是推出了多款产品。在众多游戏运营商都发力休闲游戏市场的局面下，中国休闲网络游戏市场的竞争更加激烈。而在付费用户比率低、用户付费金额低的限制下，休闲游戏市场在短期内依然处于配角。盛大在 2009 年休闲游戏市场上继续保持平稳的发展状态（见图 4）。

盛大平台化运营

网络游戏运营商在国内文化市场起到越来越重要的作用。网络游戏企业积极布局文化创意市场。2009 年，盛大进一步加快了其“网上迪士尼”的战略布局，在网络游戏领域，将盛大游戏分拆上市，使其具有更强的独立性；在横向产业扩张上，盛大通过并购与合资的方式进入娱乐行业多个细分领域，如控股华友世纪、收购酷6网、与湖南卫视合作成立盛视影业。至此，盛大网络的业务范围涵盖游戏、音乐、影视、文学和视频多个领域。盛大还在江苏无锡建设盛大主题公园，充分借鉴迪士尼模式开拓衍生品市场。

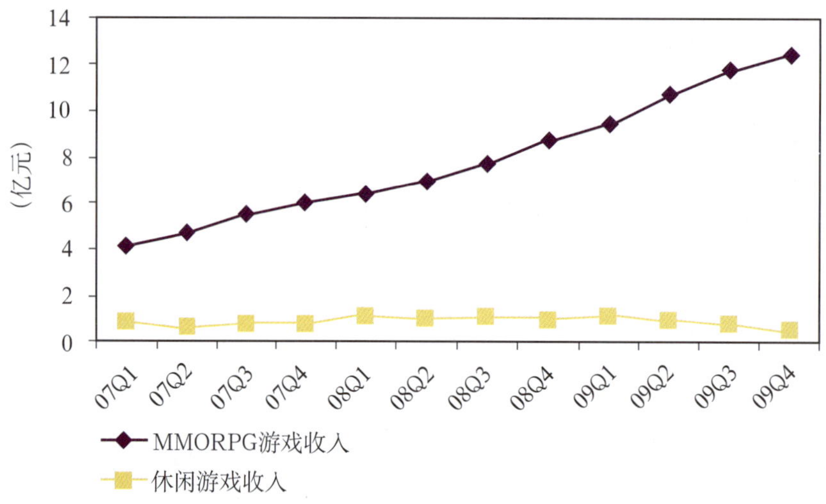

图4　盛大游戏业务收入（2007—2009年）

资料来源：IDC和GPC，2010。

盛大SWOT分析

盛大的优势与机会：

● 全面的数字娱乐领域战略布局：通过一系列收购与重组，盛大网络已经顺利地将旗下业务扩展至数字音乐、网络视频、影视传媒等领域。目前，网络游戏与其他文化娱乐产品的结合程度日益紧密，不同业务之间产生的协同效应将逐步体现，盛大拥有更多的文化娱乐产品来吸引用户。因此，盛大多元化战略布局一方面加强了盛大自身网络游戏业务的竞争力，另一方面也有效降低了单一业务运营的风险。

- 丰富的运营经验：盛大是国内网络游戏运营经验最为丰富的企业。从游戏类型上看，盛大旗下既有《热血传奇》、《永恒之塔》这样的大型网游，也有《泡泡堂》、《迪士尼魔幻飞板》这样的休闲游戏，甚至包括浩方、边锋这样的游戏平台。从运营模式上看，盛大既有优秀的代理产品，如《热血传奇》、《霸王大陆》，也有自主研发的《传奇》系列网游。在多年的游戏运营历史中，盛大既拥有大量成功运营游戏的经验，也有在《神迹》、《英雄年代》产品上失败的教训。这些运营不同模式、不同类型产品的丰富经验与教训是盛大实施平台战略的基石。

盛大的劣势与威胁：

- 激烈的市场竞争：和其他网络游戏公司一样，盛大也面临着激烈的市场竞争。不管是老牌的网络游戏厂商，还是后起之秀，都会威胁盛大的市场地位。

网易

网易业务结构

网易与盛大最大的不同在于，网易还被普遍认为是一个媒体公司，拥有综合性门户网站。在其经营业务中，除网络游戏外，还包括网络广告与无线增值等其他网络业务（见图 5)。相对于其他综合性门户网站，网易的收入来源更加多元化。整体来说，网络游戏在网易的总体收入中占比较高。

网易从 2000 年 10 月开始研发网络游戏，其《大话西游 2》和《梦幻西游》成为业界自主研发成功的代表作。由于网易的游戏都是自主研发，不需要付出分成，因此利润非常可观。网络游戏的成

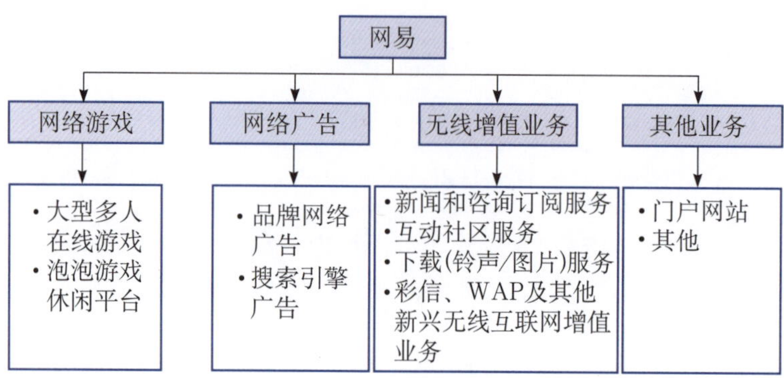

图 5　网易业务结构

资料来源：IDC 和 GPC，2009。

功，使网络游戏在网易的收入中占据的比重最大。从网易的财务报告来看，2009 年网络游戏收入达到 34 亿元人民币，网络游戏在网易整体收入中的占比进一步上升（见图 6）。

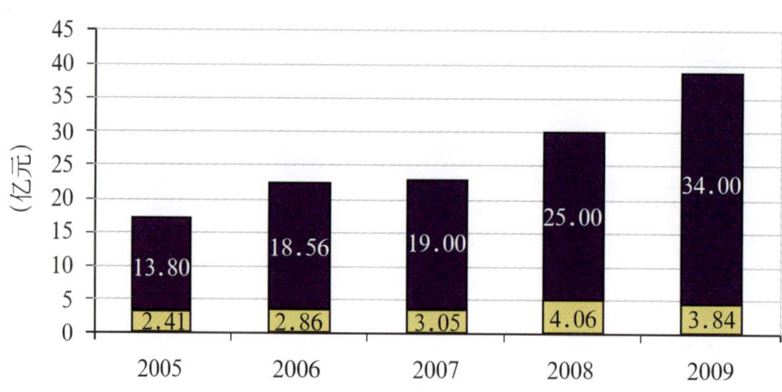

图 6　网易游戏业务收入占比（2005—2009 年）

资料来源：IDC 和 GPC，2010。

2009 年，网易网络游戏业务收入增长的动力主要来自两个方面：一是其自主研发的核心产品《西游》系列仍在贡献巨大的收入；二是代理运营明星产品《魔兽世界》，在《魔兽世界》的拉动下，网易 2009 年第四季度在线游戏服务收入达 11 亿元，第三季度和去年同期分别为7.75亿元和6.73亿元。网易2009年第四季度的游戏收入较去年同期增长64%，较2009年第三季度增长近42%（见图7）。

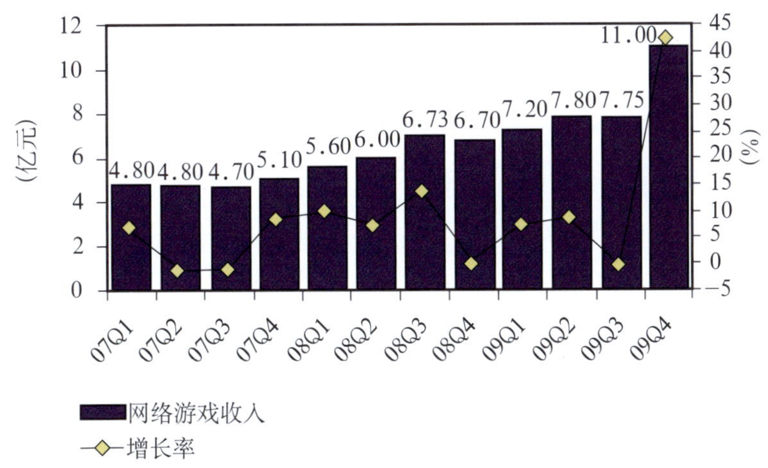

图7　网易网络游戏收入及增长率（2007—2009年）

资料来源：IDC和GPC，2010。

网易SWOT分析

网易的优势与机会：

- 强大的自主研发能力：网易是国内游戏自主研发成功的典范，其研发团队是国内公认的最优秀的研发团队之一，自主研发的《西游》系列仍然在中国游戏市场上具有优异表现。通过自主研发，网易能够掌握游戏的技术核心，在游戏运营上占据主动权。相对于代理国外产品，自主研发游戏首先成本比较低，既不需要付成百上千万美元的版权费，也不需要与开发商进行收入分成，使网易网络游戏的利润在业界首屈一指。其次，自主研发能够有效控制游戏外挂的风险，网易从2002年8月推出《大话西游2》到现在，几乎没有受到外挂的严重破坏，凸显了网易在游戏自主研发技术方面的独特优势。最后，自主研发能够根据用户需求来修改、增加游戏功能，不断地推出新的游戏内容，以满足用户不断变化的需求，《梦幻西游》推出系列的资料片就是一个范例。此外，网易通行证系统、一卡通的认证/支付体系领先业界竞争对手数年，技术优势明显。

- 获得《魔兽世界》的代理权：和暴雪的合作将大大提升网易的盈利能力，《魔兽世界》庞大的用户群转投网易将进一步扩大网易的用户群。《魔兽世界》如果运营顺利，有望在2009—2011年每年为网易带来10亿～15亿元的应收，2亿～4亿元的净利润。

- 国家对于原创游戏的大力扶持：从2004年开始，国家新闻出版总署推出了“中国民族网络游戏出版工程”，该工程计划安排出版100种自主开发的大型民族网络游戏出版物。凡列入此工程的选题，新闻出版总署将会同国家有关部门提供多方面的政策扶持，培育中国民族网络游戏核心企业。网易无疑是此项扶持政策的受益者。

网易的劣势与威胁：

- 政策监管风险：2009年，《魔兽世界》中国代理权变更一事闹得沸沸扬扬，部分游戏用户甚至因此起诉《魔兽世界》的运营方。从未来趋势来看，为了加强国内自主研发，政府的监管重点放在了对国外网游的引入上，进口网络游戏的审批工作将更加严格。因此，网易与暴雪合作的《魔兽世界》、《星际争霸2》、《魔兽争霸3》系列游戏及游戏平台的运营会受到更加严格的审查。

- 《西游》系列主力游戏进入衰退期：虽然《梦幻西游》在2008年突破了同时在线人数的纪录，为网易贡献了大部分的收入，但2009年是这款游戏的第五个年头，按照一款网络游戏生命周期在3～6年的惯例来看，《梦幻西游》将面临衰退的危险。与盛大的《传奇》系列一样，网易的《大话西游2》和《梦幻西游》面临着今后替代产品的问题。任何一个产品都有一定的生命周期，太过依赖《西游》系列网游产品，成为网易的网络游戏业务的潜在威胁。

巨人

巨人业务结构

上海巨人网络科技有限公司成立于2004年11月，专注于网络游戏的开发、运营与销售。2007年11月1日，巨人网络公司(NYSE：GA)在美国纽交所挂牌交易，融资额10.44亿美元。

2009年，巨人网络通过三大手段来加快游戏产品线扩张的步伐。一是加强了自主研发的团队建设，分别在珠海与成都成立研发中心，扩大研发队伍，并基于《征途》推出了一系列《征途》系列游戏，包括《征途时间版》、《征途怀旧版》、《绿色征途》等；二是推出网络游戏业天使投资“赢在巨人”计划，投资了一批中小游戏研发企业，包括上海云雀、杭州雪狼等企业，并成功吸引了《仙途》、《我的小傻瓜》及《Allods Online》三款游戏；三是巨人网络开始尝试联合运营，和腾讯展开了《绿色征途》的联合运营合作，开始探索新的运营模式。此外，巨人网络还对公司内部管理进行改制，成立了5家研发子公司，以此来加强巨人网络内部研发创新机制。

从巨人网络2009年的网络游戏业务收入来看，取消了“开宝箱”之类的收费功能导致《征途》承受了持续的压力，主力游戏《征途》市场表现的下滑也直接影响到巨人的整体收入，虽然巨人网络通过开发《征途》系列游戏及引入新的游戏来弥补，但是总体上2009年巨人网络的收入依然下滑了19%（见图8)。

巨人SWOT分析

巨人的优势与机会：

- 强大的研发实力：巨人自成立之初就以自主研发精品游戏为

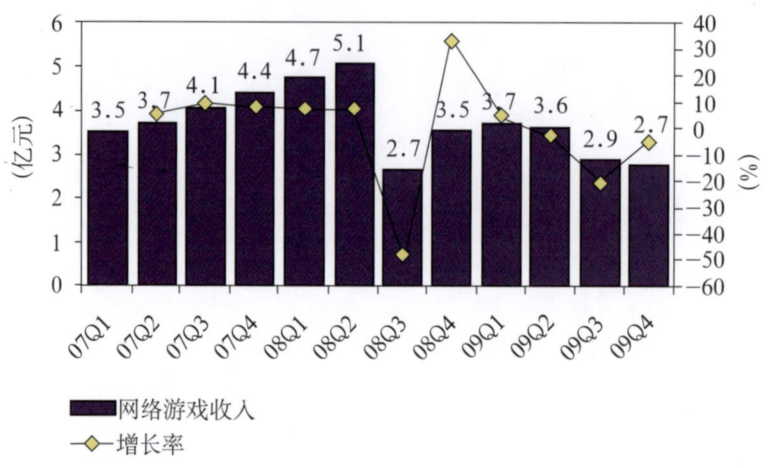

图 8　巨人网络游戏收入及增长率（2007—2009 年）

资料来源：IDC 和 GPC，2010。

目标，以 2D 游戏作为开端。《征途》的研发团队初次踏入网游市场就展示了自己的研发能力，在短短一年之内成功推出了自己的产品。随后，巨人大力扩张公司的研发团队，研发人员数量从 2008 年年初的 400 人扩张到 2009 年底的 1 200 人以上，成为中国网络游戏企业规模最大的研发团队之一。巨人网络 2009 财年的产品研发费用为 1.134 亿元人民币，较上一年的 8 850 万元人民币增长了 28.1%，这主要源于研发部门的扩大，以满足新产品开发和老产品更新的需求。

- 灵活的营销推广策略和强大的推广队伍：《征途》的成功离不开免费模式的应用。免费游戏的盈利模式主要是销售道具，在线人数的多少、付费用户比例的高低决定着游戏的实际收入。然而巨人没有固守道具模式，为吸引更多的付费游戏用户，巨人灵活地推出了《征途时间版》。此外，巨人拥有灵活的线上和线下推广策略，例如，给玩家发工资、“美女”认证、“天下第一”、“老玩家回归”等推广手段。巨人网络目前的渠道能够覆盖超过 11 万家零售终端，拥有近 2 000 名地面推广人员，这对其点卡分销和产品推广起着非常大的作用。

巨人的劣势与威胁：

- 主力产品盈利能力下降：受政府监管政策取消“开箱子”等变相博彩游戏内容的影响，巨人网络的主力游戏《征途》的盈利能力急剧下降。从 2009 年的市场表现来看，曾被寄予厚望的《巨人》市场表现并不成功，而新推出的《万王之王 3》、《龙魂》、《征途 2》及《黄金国度》等游戏还没有成长起来，因此，在 2010 年的前两个季度，巨人依然面临主力产品盈利能力下降的困扰。
- 激烈的市场竞争：巨人网络目前所在的市场主要是 2D 网络游戏市场，而这个市场的竞争已经非常激烈。而且，和 3D 游戏相比，2D 游戏未来的市场份额会逐渐萎缩。但是，巨人网络在 3D 游戏的开发和运营上都没有成功经验，且目前也缺乏相关产品的储备。

完美时空

完美时空业务结构

北京完美时空网络技术有限公司（以下简称“完美时空”）是中国领先的网络游戏开发商和运营商。完美时空主要基于自主研发的 Angelica 3D 游戏引擎、Cube 引擎以及 EPARCH 2D 引擎为平台开发网络游戏，陆续推出了《完美世界》、《武林外传》、《完美世界国际版》、《诛仙》、《赤壁》、《热舞派对》、《口袋西游》、《神鬼传奇》和《梦幻诛仙》，并计划推出《降龙之剑》、《神魔大陆》等网络游戏产品。

2009 年完美时空进一步加大在数字娱乐领域的多元化发展。首先是加大对旗下文学网站——纵横中文网的投入。2010 年年初，完美时空宣布未来将每年投入巨额资源来发展网络文学网站，为打造精品网络游戏提供充足的上游内容资源。由完美时空投资的控股子公司完美文化在2009年投资制作了由章子怡、范冰冰、苏志燮、林心如、何润东、姚晨等国内外知名巨星领衔主演的喜剧大片《非常完美》，该剧票房接近1亿元，使得完美文化公司成为国内排名第五的电影制作公司。

至此，完美时空已经由一个单纯的网络游戏企业转变为一个综合的文化传媒集团企业。

在发展国内市场的同时，完美时空非常注重海外市场的发展，至2009年年底，已经成功地将旗下7款产品出口到了60多个国家和地区，很好地传播了中国传统文化。除了在大部分国家和地区是采取选择当地代理商合作的方式外，完美时空还在北美设立了全资子公司，运营《完美世界国际版》和《口袋西游》等产品。2009年，完美时空在海外市场的营收位居国内游戏企业榜首。2009年，完美时空海外市场收入达3 140万美元，占全行业海外收入的三成多。

从网络游戏业务收入来看，在坚实的自主研发基础上，完美时空在新产品发布上非常稳定，每年都有1～2款新游戏面世，因此完美时空的网络游戏收入也保持了非常稳定的增长速度。2009年完美时空网络游戏收入达到18.8亿元，比2008年增长了50.3%。

完美时空SWOT分析

完美时空的优势与机会：

- 3D网游研发能力：随着电脑硬件的高速发展以及互联网宽带的普及，3D网络游戏已经逐步成为网游市场的主流。完美时空自主研发的多款游戏引擎、强大的游戏开发平台、灵活的硬件需求以及反外挂技术均为完美时空提供了强大的实力支撑，完美时空是目前国内少数拥有自主知识产权3D引擎的游戏公司。自主的研发能力也带来了更高的利润空间，不存在版权许可费的问题，也避免了可能的代理纠纷问题。

● 庞大的研发队伍：2009 年完美时空总员工数量约为 2 500 人，其中研发人员占一半以上，为完美时空产品研发、业务拓展、企业发展提供了强有力的支撑。

完美时空的劣势与威胁：

● 3D MMORPG 市场面临激烈的竞争：完美时空的业务核心是 3D MMORPG 市场，大多数产品为 3D MMORPG 游戏，对休闲和其他游戏类型涉及甚少。随着 3D 游戏研发技术的普及，越来越多的企业开发 3D 游戏。2007 年国产 3D MMORPG 游戏仅有 7 款，完美时空占其中 4 款。2008 年国产 3D MMORPG 游戏为 16 款。2009 年，在 3D 游戏的快速流行下，国产 3D MMORPG 游戏过百款。因此，3D MMORPG 市场将面临越来越激烈的竞争。

● 企业快速发展，面临人才紧缺：完美时空的人才问题包括两个方面。一方面是大力拓展海外市场需要具有国际化素质的高端人才，而网络游戏海外运营正处于发展阶段，具有丰富经验的人才仍是关键环节；另一方面，游戏产品的竞争力取决于背后的研发团队，而具有丰富经验的研发人才是中国网络游戏行业的稀缺资源，如何保证研发团队的持续扩大和稳定也是完美时空面临的挑战。

搜狐畅游

搜狐畅游业务结构

搜狐畅游前身为搜狐游戏事业部，2003 年正式进军网络游戏市场。2003 年 2 月，搜狐畅游代理韩国 WIZGATE 网络游戏《骑士 Online》。2004 年 7 月，搜狐畅游得到像素软件授权后推出第二款 MMORPG 游戏《刀剑 Online》。2007 年 5 月，搜狐畅游推出首款自主研发的 MMORPG 游戏《天龙八部》。2009 年 3 月，搜狐畅游在纳斯达克分拆上市成功，融资 1.38 亿美元。

2009 年搜狐畅游的收入达到 2.676 亿美元，比 2008 年增长 33％。不过，值得关注的是，相比 2008 年 10％左右的季度增长速度，2009 年搜狐畅游收入的季度增长率已经降低到个位数（见图 9）。

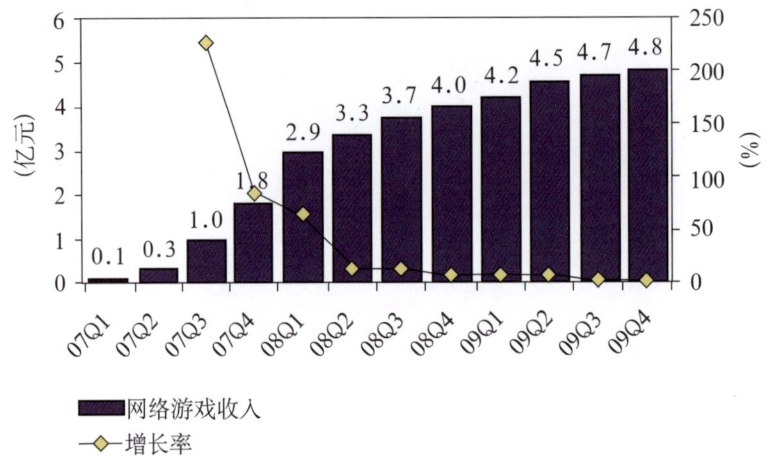

图 9　搜狐畅游网络游戏收入及增长率（2007—2009 年）

资料来源：IDC 和 GPC，2010。

搜狐畅游 SWOT 分析

搜狐畅游的优势与机会：

- 门户网站平台优势：作为传统的门户网站的旗下控股子公司，搜狐畅游和搜狐业务矩阵紧密相连，门户的用户流量保证了推广活动的进行。同一个 ID 号能在搜狐不同领域畅通无阻，增强了用户的灵活性。毋庸置疑，搜狐旗下拥有众多的门户平台和庞大的用户群，例如，Sohu 门户网、17173 网游门户、Chinaren 社区等，这些资源优势使搜狐远远超过任何一家纯粹的网游运营商。

- 自主研发能力强大：搜狐强大的技术能力，以及一直强调的技术和产品驱动的观念，为搜狐畅游的自主研发提供了有力的支持。搜狐畅游具有统一的游戏开发平台、2.5D图像引擎、有效的反外挂和反黑客技术、交叉网络专利技术和数据保护技术。搜狐畅游自主研发的游戏《天龙八部》自上线以来，保持强劲的增长势头，同时在线人数超过80万，是2009年搜狐畅游的收入保持增长的关键原因。

搜狐畅游的劣势与威胁：

- 游戏单一，经营风险高：目前，搜狐畅游高达80%以上的运营收入来自《天龙八部》一款游戏。目前，《天龙八部》已经运营了3年时间，虽然从生命周期来看仍然处于健康发展的盈利期，但是在多款类似产品的竞争下，搜狐畅游需要推出更多款游戏产品，以保证竞争优势。
- 核心人员流失风险：《天龙八部》成功的关键是其背后的研发团队及运营团队，而经验丰富的研发及运营人才是游戏企业争夺的宝贵资源。搜狐畅游应该提高核心人员的稳定性，为公司的长久发展提供更多的动力。

久游网

久游网业务结构

久游网成立于2003年，主营业务包括网络游戏的开发、运营和虚拟社区的运营，其中网络游戏产品覆盖了MMORPG与大型休闲游戏两大类型，虚拟社区业务包括虚拟养成、创建分享、商业经营、社区交友及音视频、多媒体博客等多种服务。2010年年初，久游网继获得广播电视节目制作许可证之后，又获得了信息网络传播视听节目许可证（许可证号：0910541），获准通过互联网分享传播，开展久游视频业务。

2009年久游网网络游戏业务收入为7.5亿元，与2008年相比略有下降。

久游网SWOT分析

久游网的优势与机会：

- 休闲游戏产品线完备，竞争力强：久游网的休闲游戏产品覆盖面广，包括音乐舞蹈模拟类游戏、体育模拟类游戏、仿真赛车模拟类游戏、格斗动作模拟类游戏、竞速模拟类游戏、虚拟养成等多种题材。久游休闲游戏产品线的重点突出，以音乐和体育为主线，同时又强调娱乐社区的建设，这有助于增强游戏的互动性，提高用户的忠诚度。

- 丰富的游戏产品储备：除了类型多样的休闲网络游戏外，久游网在最近几年也在积极地储备MMORPG。目前，久游网的MMORPG中值得期待的大作包括改编自黄玉郎经典作品《神兵玄奇》的《神兵传奇》、武侠格斗类MMORPG《流星蝴蝶剑OL》，以及改编自马荣成先生同名漫画的《风云》等。

久游网的劣势与威胁：

- MMORPG游戏运营能力尚需证明：久游网在休闲网游取得一定成绩后开始拓展MMORPG领域，久游网从2008年开始在内部实施了经营战略转型，对自身的内容结构和运营战略进行了重大调整，将自主研发作为发展主线，将MMORPG市场及动作类网游市场作为主要目标市场。但是MMORPG产品的目标用户群与休闲游戏用户群的需求存在较大的差异，产品设计与市场推广也各有特点。能否充分利用现有休闲游戏用户资源，将现有优势平滑转移到MMORPG市场，是久游网在战略转型阶段面临的巨大挑战。

- 休闲游戏市场竞争加剧：相对于MMORPG市场，休闲游戏市场进入门槛低，而众多以MMORPG起家的企业为了完善自身的产品线也纷纷进入休闲游戏市场。2009年，传统的舞蹈类题材与赛车类题材游戏市场的竞争已经到了白热化地步，同时，动作格斗类题材与射击类题材的游戏迅速崛起，对原有休闲游戏用户造成严重的分流。久游网在动作格斗类题材与射击类题材的游戏市场布局稍慢，被腾讯与世纪天成等企业抢占了先机。因此，久游网在休闲游戏市场的优势也面临着强有力的挑战。

网龙

网龙业务结构

1999年，网龙公司在福州成立。2002年《幻灵游侠》上线；2003年研发《征服》；2004年推出91.COM，并获《英雄无敌》网络版开发权和亚太区运营权；2006年购买海外3D引擎UNREAL 3。天晴数码是网龙集团下属子公司，天晴数码主要负责开发网络游戏，而网龙的职责是负责运营游戏。2007年11月2日，网龙在香港创业板挂牌上市（创业板股份代号：8288.HK），融资14.23亿港元。

2008年，除网络游戏业务外，网龙开始进入移动增值服务市场，推出了“熊猫桌面”与“91熊猫看书”两款手机应用软件。

从最近8个季度网龙收入变化来看，网龙收入一直处在一种稳定的波动态势：年初的第一季度收入拉高，随后的三个季度收入都开始下降（见图10）。根据网龙财报，近两年网龙业绩不佳的主要原因是，公司将重心放在游戏研发方面，进行原创产品储备，《魔域》受到“私服”的影响较大，而《魔域》贡献的营收占网龙营收的50%以上。此外，近两年网龙新推出的游戏的市场表现不佳也是收入停顿不前的主要原因之一。

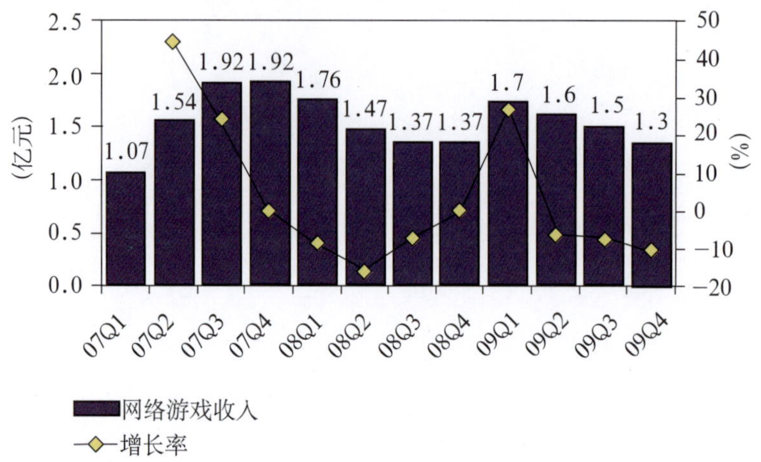

图 10　网龙网络游戏收入及增长率（2007—2009 年）

资料来源：IDC 和 GPC，2010。

海外市场是网龙公司经营战略的重要组成部分，2009 年网龙来自海外市场的收入约为 1.38 亿元，受到金融危机的影响，比 2008 年略有下降。

网龙 SWOT 分析

网龙的优势与机会：

- 较强的 2D 与 2.5D 游戏研发能力：截至 2009 年年底，网龙游戏开发人员达到 1 465 人，占员工总数量的 60%以上。目前，网龙旗下的数款网游均为自主开发，旗下子公司天晴数码具有强大的 2D 与 2.5D 游戏研发能力，并拥有自主研发的 2D、2.5D 引擎。

- 完善的分销及付款渠道：网龙拥有三种方式的分销及付款渠道，包括直销、通过分销商进行的预付式销售和合作渠道。其中，直销渠道是网龙最主要的销售渠道，直销包括网上付款系统和其他直销渠道，网龙的网上付款通过 6 个合作伙伴（汇付天下、环讯、财付通、支付宝、易宝、快钱）覆盖了中国主流的 11 个银行。国内玩家可以通过这些合作伙伴线上付款；国外玩家则可以通过 PayPal 支付。

网龙的劣势与威胁：

• 没有把握3D游戏兴起的机会：网龙此前的成功在于把握了2.5D游戏的发展机会，聚焦于2.5D游戏产品的研发，推出《魔域》、《征服》等多种题材的游戏，同时拓展国内外市场。然而随着市场环境的变化，3D游戏市场迅速崛起，网龙并没有充分意识到2.5D游戏向3D游戏市场的过渡速度，没有把握住3D游戏市场兴起的机会。

• 游戏类型单一，抗风险能力不足：目前网龙在运营的游戏全部为MMORPG游戏，对于休闲游戏未有涉足。尽管现在MMORPG游戏仍是市场主力产品，但错过休闲游戏这个新兴的细分市场，不能不说是一种遗憾。此外，从单款游戏收入来看，《魔域》占网龙总体收入的50%以上，因此《魔域》的收入下滑将直接导致网龙总体收入的下降。

金山

金山业务结构

金山软件是中国最知名的软件企业之一、中国领先的应用软件和互联网服务提供商。目前，金山软件在珠海、北京、成都和大连分设研发中心。公司主要涉及软件和网络游戏两大业务，创造了WPS Office、金山词霸、金山毒霸、《剑侠情缘》、《封神榜》等众多知名产品。同时，金山旗下拥有国内知名的大型英语学习社区爱词霸网（www.iciba.com）以及在线游戏交流社区逍遥网（www.xoyo.com）。

金山从1995年开始进入游戏产业，成立珠海西山居工作室。1996年之后，《中关村启示录》、《剑侠情缘》、《地雷战》等单机游戏陆续发布。2003 年，金山进入网游产业，全力打造西山居、亚丁、鲸彩、七尘斋、上水轩五大游戏工作室，做植根于中华文化的绿色网游，代表作品有《剑侠》系列与《封神》系列。2007 年 10 月 9 日，金山软件在香港主板成功上市（股份编号：03888. HK）。目前，网络游戏收入占金山总收入的 67％。

2009 年年初，金山推出了第一款自主研发的大型 3D MMORPG《剑侠情缘 3》。

近年来，金山在国际化拓展方面成绩卓著：2008 年 9 月，在马来西亚成立全资附属子公司，首次以成立全资附属子公司的形式开拓海外市场。2009 年，《剑侠世界》在越南的最高同时在线人数近 38 万，在越南网络游戏市场表现出众。

金山网络游戏收入及其增长率见图 11。

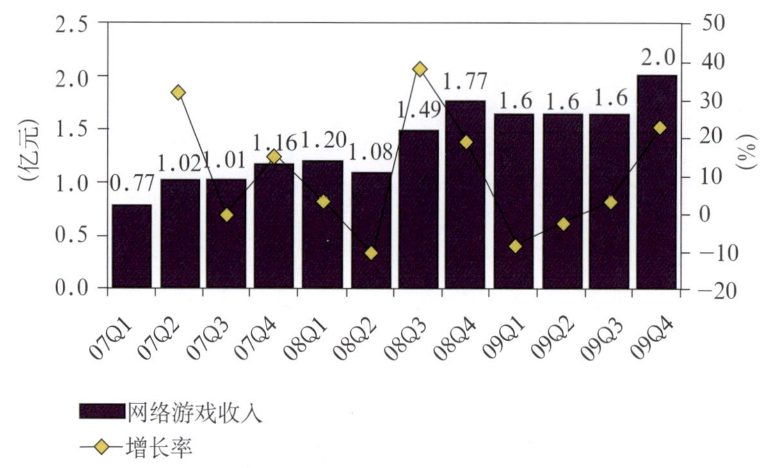

图 11　金山网络游戏收入及增长率（2007—2009 年）

资料来源：IDC 和 GPC，2010。

金山 SWOT 分析

金山的优势与机会：

- 自主研发能力强：多工作室多点布局，这是金山网络游戏研发的特点之一，多工作室模式能够吸纳全国不同区域的优秀人才，并且降低人员成本。自主研发意味着金山能够根据玩家的需求，对游戏及时更新且更新速度快，更能够抓住用户，在竞争激烈的市场上具有独特的优势。

- 联合运营模式加强了金山产品的竞争力：2009年年初，金山的《剑侠世界》与盛大的合作在业界引起巨大的轰动，这是中国网络游戏行业巨头之间的第一次亲密合作，可以说这次合作具有历史性意义，它将揭开中国网络游戏行业新的篇章。依托盛大强大的运营能力与庞大的用户基础，金山可以集中资源加快精品游戏研发速度，同时联合运营的模式也不会削弱金山本身的运营实力。选择与盛大合作具有很强的互补性，有利于将产品覆盖面进一步扩大，吸纳更多的游戏用户。

金山的劣势与威胁：

- 产品品质和运营能力：过去的几年，金山虽然推出了为数不少的游戏大作，如《剑侠情缘》系列、《春秋Q传》、《封神榜》系列等游戏，但是始终没有一款成长为在线人数超百万的经典之作。这表明金山在游戏品质方面需要进一步提升，只有打造出一部影响力巨大的经典之作，金山的研发能力才能更上一个台阶。此外，虽然金山率先在全国使用了地推模式，但随着市场竞争日益激烈，金山在运营推广上的创新能力略显不足。

- 人员流失挑战：经验丰富的研发及运营人才是网络游戏企业立足的根本，而金山是近几年高级人才流失最多的企业之一。众多具有丰富经验的人才自立门户，对于整个行业的发展而言是一件好事，但对于金山来说就应该反思如何提高核心人员的稳定性，为公司的长久发展提供更多的动力。

第九城市

第九城市业务结构

第九城市是中国最大的网络游戏开发商和运营商之一。1999年8月，第九城市宣告成立并在国内首次提出“虚拟社区”概念，创建大型网络数字生活平台Gamenow，2000年正式更名为：www.the9.com。同年，该网站在中国互联网机构CNNIC组织的评选中荣获娱乐类网站第一的佳绩。2004年12月，第九城市在纳斯达克正式挂牌上市，股票代码为“NCTY”。

迄今为止，第九城市旗下的产品有《卓越之剑》(GE)、《奇迹世界》(SUN)、《EA SPORTS FIFA Online 2》、《王者世界》(Atlantica)、《Audition 2》、《仙境传说2》(RO2)、《三国群英传2 Online》、《Emil Chronicle Online》、《Huxley》、《决地》、《快乐西游》、《名将三国》、《九洲战记》和《奇迹传说》等。

2009年4月，第九城市提出了“全球应对全球”的发展战略，具体包括三大部分：第一，在中国市场，通过自主研发、代理、合作等方式运营网络游戏；第二，在全球范围内，进行产品的研发、运营及销售；第三，关注互联网新应用的业务开发。

第九城市2009年来自网络游戏运营的营收为人民币7.955亿元，比2008年的18.003亿元下滑55.8%。第九城市来自《魔兽世界》的营收从2008年的人民币16.511亿元下滑至2009年的人民币7.103亿元。

第九城市SWOT分析

第九城市的优势与机会：

- 与国际游戏开发商合作的丰富经验：第九城市坚持精品游戏

代理与自主研发并重的公司战略。多年来，第九城市与 EA、Ndoors 等多家国际知名游戏开发商进行合作，积累了丰富的与国际游戏开发商合作的经验，这也成为第九城市在代理国际知名游戏时的重要砝码。

- 丰富的产品储备：第九城市目前拥有涵盖 MMORPG、休闲体育、横版格斗及网页游戏等多种类型的游戏产品储备。在 2008 年，第九城市先后签约《暗黑之门：伦敦》、《奇迹世界》、《劲舞团 2》、《王者世界》等大作。2009 年，第九城市与宇峻奥汀科技合作，获得《三国群英传 2 Online》大陆地区运营权。

第九城市的劣势与威胁：

- 《魔兽世界》代理权易主导致收入大幅下滑：失去了占 90% 以上收入的《魔兽世界》，第九城市的年收入从 18 亿元以上锐减到 8 亿元左右，其市场地位也从第一阵营滑落到第二阵营。收入大幅下滑带来的直接风险就是人员的大规模流失，这对第九城市而言是一个极其严峻的挑战。

- 自主研发实力尚未得到市场验证：第九城市加大在自主研发上的投入及决心有目共睹，2008 年也成功研发出《名将三国》及《九洲战记》两款产品，但这两款游戏都处于前期推广阶段，游戏质量及发展潜力还没有显示出来，因此第九城市自主研发团队的实力也尚未得到市场验证，自主研发产品能否为代理的精品游戏分担一部分盈利任务，降低企业运营风险，还需拭目以待。

中华网游戏集团（CDC Games）

中华网游戏集团（CDC Games）业务结构

中华网（CDC）集团包括：主要从事企业应用软件程序开发和

服务的CDC Software，主要从事网络游戏运营的游戏集团（CDC Games）和主要面向大中华地区市场的门户网站China.com。中华网游戏集团是美国纳斯达克上市公司中华网投资集团的全资子公司。

中华网游戏集团主要整合了17GAME和光通两家游戏运营公司。此外，中华网游戏集团也加强了与游戏研发公司的合作，如与韩国游戏开发商Gorilla Banana、Mgame以及澳大利亚的Auran构建战略性合作关系。中华网游戏集团2009年营收为2 890万美元，低于2008年的4 490万美元。

中华网游戏集团SWOT分析

中华网游戏集团的优势与机会：

- 集团资源丰富，业务网络遍布全球：中华网集团旗下拥有众多IT行业子公司，包括网站和无线业务。多元化的发展路径使得公司之间能够互相提供资源，避免由于单一业务单元遭受损失而造成业绩的巨大波动。同时，其他子公司在IT行业的运作经验与积累的资源都可以被中华网游戏集团运用和采纳。中华网投资集团在全球拥有广泛的业务网络，为中华网游戏集团在全球寻找合作伙伴、寻求业务发展提供了便利。
- 17GAME与光通的整合优势：2009年，中华网游戏集团分别对旗下北京17GAME、上海光通公司各自所属产品的会员系统完成了整合。在新平台下，原17GAME及光通两大平台会员系统实现了统一，原《热血江湖》、《特种部队》、《神泣》、《EVE》等注册用户均可体验集团旗下全部游戏产品。此外，中华网游戏集团对于支付渠道与充值系统也做了完整的整合统一工作，并推出了CDC金币支付系统。

中华网游戏集团的劣势与威胁：

● 缺乏支柱产品：中华网游戏集团旗下北京17GAME公司原有支柱产品《热血江湖》近两年表现平平。目前，CDC游戏主推的《指环王OL》在中国市场的表现也没有达到预期的效果。

● 自主研发能力不足：自主研发能力是网络游戏企业的核心竞争力，目前中华网游戏集团缺乏自主研发团队，旗下产品均为代理产品。

光宇华夏

光宇华夏游戏业务结构

光宇华夏成立于1999年，是光宇国际集团（1043. HK）的全资子公司，主要业务为自主开发大型网络游戏与代理运营大型多人在线角色扮演游戏，是中国领先的游戏运营商和产品开发商。光宇国际集团于1999年在香港联合交易所主板上市，拥有较为雄厚的电力、电信实体行业背景。光宇华夏在成立之初从事电力设备、电信器材等相关业务，2004年转型进入网络游戏行业。目前，光宇华夏游戏几乎随时都有超过80万、最高120万同时在线的用户。

光宇华夏的业务宗旨是：为中国乃至世界范围数亿用户提供最新、最全、最优质的在线数字娱乐服务。目前提供的服务有：大型网络游戏服务、互动社区平台娱乐服务、移动增值服务等。

光宇华夏于2004年取得《希望OL》的代理权，正式进军网络游戏市场，2006年代理运营《问道》、《神界》，2007年代理运营《大冒险》、《争霸天下》，2008年代理运营《西游Q记》、《狂想之都》、《秦始皇》，2009年自主研发产品《炫舞吧》、《创世OL》、《幻想之翼》上线，签约代理运营《梦幻蜀山》、《水晶岛》、《天骄3》。2009

年，光宇华夏游戏业务收入为人民币 8.6 亿元，比 2008 年增长 38.1%。

目前，光宇华夏已经在北京、沈阳、成都、深圳、杭州拥有 5 个研发中心，研发人员超过 600 人，同时研发 9 款网络游戏。另外，光宇华夏具有强大的地面推广队伍，在 600 多个地市设有分支机构，覆盖全国市场。

光宇华夏 SWOT 分析

光宇华夏的优势与机会：

- 差异化竞争策略：经过《希望 OL》的运营积累经验之后，光宇华夏将开发运营“回合制网络游戏”与“3D 网络游戏”作为差异化竞争战略，特别是选择“回合制网络游戏”作为突破口，将免费模式纳入回合制游戏中。目前看来，此战略已经取得了初步的成功——《问道》回合制游戏 PCU 达到 100 万。
- 强大的市场推广能力：光宇华夏在全国成立了 600 个地方办事处，拥有 2 000 多名专职地面推广人员，60 万以上兼职推广人员，覆盖全国 450 多个大中型城市的 70 000 多个网吧。庞大的地面推广队伍使光宇华夏能够将游戏迅速铺展到全国范围。

光宇华夏的劣势与威胁：

- 自主研发实力尚未得到验证：目前，光宇华夏共有 5 个研发中心，总人数在 600 人左右，分布在北京、深圳、杭州、沈阳和成都。从研发人员数量来看，光宇华夏和盛大、完美时空、金山等公司仍有较大差距，在行业内处于中等水平。此外，光宇华夏花费 3 年时间自主研发的 3D 游戏《创世 OL》在市场上的表现并不突出，自主研发实力尚未得到市场验证。
- 回合制游戏市场竞争激烈：目前，《问道》是光宇华夏的主要收入来源，在过去的数年，回合制游戏市场的成功吸引了众多竞争者，2009年新推出的回合制游戏就超过10款，因此光宇华夏在其最重要的细分市场上面临极其激烈的市场竞争。

世纪天成

世纪天成游戏主营业务结构

世纪天成（上海邮通科技有限公司）成立于1998年，是一家业务涵盖通信、计算机网络专业领域，以及计算机信息系统工程专业领域的信息服务业务运营公司。2002年7月，经上海市高新技术企业认定办公室认定为上海市高新技术企业。

2005年年初，世纪天成首次与NEXON开展合作，代理运营其出品的漫画网络游戏《洛奇》。在世纪天成有效的宣传推广下，《洛奇》游戏的人气和知名度不断攀升，以China Joy最佳Q版网游的身份荣膺首届“金翎奖”。2006年3月，世纪天成与NEXON推出免费休闲游戏《跑跑卡丁车》，而后又引进《新天翼之链》、《炮炮火枪手》等游戏。2009年，世纪天成正式推出《反恐精英Online》、《冲锋岛》两款游戏。此外，世纪天成还积极开展网页游戏联合运营，旗下的网页游戏平台已经拥有《武林英雄》、《热血三国》、《乐士》与《盘龙神墓》四款游戏。

世纪天成SWOT分析

世纪天成的优势与机会：

- 丰富的休闲游戏运营经验：在世纪天成的运营下，《跑跑卡丁车》在大陆市场最高同时在线人数超过80万，成为国内最知名的休闲网络游戏之一。新推出的《反恐精英Online》市场最高同时在线人数达到近50万，充分体现了世纪天成在休闲游戏运营和市场推广方面的能力与经验。

● 与NEXON良好的合作关系：自《洛奇》合作以来，世纪天成陆续拿到了NEXON的《跑跑卡丁车》、《反恐精英Online》等多款游戏在中国大陆市场的代理运营权。作为韩国知名游戏开发商，NEXON在开发休闲游戏上具有较强的竞争力，开国内的休闲网络游戏先河的《泡泡堂》也出自NEXON之手。通过长期的合作，世纪天成与NEXON已经形成了非常良好的合作关系。世纪天成在获得NEXON游戏资源上具有先发优势，凭借此优势，2010年年初，世纪天成顺利拿到NEXON的3D互动社区网游《NEXON STAR》，并将中文名定为《开心星球》。

世纪天成的劣势与威胁：

● 缺乏自主研发能力：世纪天成一直采用代理模式开展游戏业务，自主研发队伍尚未建立起来。代理模式存在运营利润较低与游戏运营支持不足这两方面瓶颈，这对于世纪天成的长远发展是不利因素。因此，如何打造自己的研发队伍，提升自主研发能力，成为世纪天成需要考虑的问题。

● 面临腾讯激烈的市场竞争：世纪天成最近两年在其主导的休闲游戏市场受到了来自腾讯的激烈竞争。首先是2008年上半年腾讯推出《QQ飞车》，曾为中国在线人数最多的赛车类休闲网络游戏的《跑跑卡丁车》遭受重创，同时在线人数从80万下滑到30万左右。另一款世纪天成的主导产品《反恐精英Online》又因为推出时间比腾讯的FPS网游《穿越火线》晚了6个月，被腾讯抢占了市场先机，尽管世纪天成组建了一支优秀的市场团队，投入了不少市场资源来推广《反恐精英Online》，但目前《反恐精英Online》的实际运营状况远不如《穿越火线》。

蓝港在线

蓝港在线主营业务结构

蓝港在线（北京）科技有限公司成立于2007年3月，公司定位为专业从事网络游戏研发与运营的新一代互动娱乐企业。目前，蓝港在线建立了完善的垂直项目制的组织结构，每个项目均建立了配套的研发、运营及营销体系。通过新机制的建立，蓝港在线已经成功发行了《西游记》、《倚天剑与屠龙刀》、《神兽》、《问鼎》等多款网游项目，2010年还将发行《佣兵天下》、《东邪西毒》等多款自主研发产品。截至2009年年底，蓝港在线拥有超过600人的自主研发团队，成立了6个研发工作室，并在全国60个城市常设分支机构。

蓝港在线SWOT分析

蓝港在线的优势与机会：

- 强大的研发实力：在蓝港在线600多名员工中，有70%以上是游戏研发人员。在过去的三年时间内，蓝港在线进行了《西游记》、《佣兵天下》、《东邪西毒》、《飞天西游》、《开心大陆》及新大型3D项目多款游戏的研发工作，体现了蓝港在线深厚的研发储备。
- 产品线覆盖全面：蓝港在线旗下《倚天剑与屠龙刀》、《问鼎》、《神兽》、《西游记》、《佣兵天下》、《东邪西毒》几款游戏覆盖了MMORPG中回合制与即时等领域。休闲游戏《开心大陆》处于研发阶段。2009年，蓝港在线推出了网页游戏《快乐神仙之飞天西游》。至此，蓝港覆盖了MMORPG、休闲游戏和网页游戏三条战线。

蓝港在线的劣势与威胁：

• 面临着激烈的市场竞争：作为网络游戏行业的新兴企业，蓝港在线面临激烈的市场竞争。同时，政府对网络游戏的监管和政策导向也是左右蓝港在线与其他网络游戏运营商的重要因素之一。

联众

联众主营业务结构

联众世界于1998年3月由三位创始人鲍岳桥、简晶和王建华共同创办。作为中国网络游戏市场的先行者，联众拥有辉煌的历史，曾经拥有中国在线棋牌游戏市场85%以上的市场份额。

2006年，联众公司与NHN集团联合推出的OURGAME-NHN全球游戏运营服务正式启动，并且推出了联众运营的首款大型网络游戏《灵游记》。2007年，联众调整战略，明确把大型网络游戏作为带动公司业绩增长的核心业务，在大型网络游戏上采取代理和联合运营两条路线，同时，在传统的休闲棋牌类游戏上继续保持投入。

联众SWOT分析

联众的优势与机会：

• 拥有自己的用户平台：联众在中国网络游戏市场的耕耘超过10年，联众世界游戏平台积累了大量的用户资源，并且这部分用户平均年龄在30岁以上，具有较高的黏性与消费能力。过去几年，在腾讯的激烈竞争下，如此优质的用户资源对于联众开展联合运营及推广自有的大型网络游戏是巨大的优势。联众拥有的用户平台也是联众未来发展最重要的优势。

• 通过联合运营积累了丰富的运营经验：在进入大型网络游戏市场的过程中，联众采取了非常稳健的策略，首先是利用自己的用户资源广泛开展联合运营，再通过联合运营积累大型网络游戏的运营及研发经验。在 3 年的联合运营过程中，联众运营了 20 多款游戏，积累了丰富的运营经验。

联众的劣势与威胁：

• 缺乏自主研发实力：虽然联众在棋牌游戏平台上具有很强的研发能力，但在大型网络游戏的研发方面，联众缺乏相应的研发队伍及研发经验。从 2008 年开始研发的《精武世界》是联众研发实力的试金石，如果此款游戏能够获得市场的认可，那么表明联众真正拥有大型网络游戏的研发能力。

• 两线市场都面临激烈竞争：无论是休闲游戏平台，还是大型网络游戏市场，联众都面临众多竞争者。同时，政府对网络游戏的监管和政策导向也是左右联众与其他网络游戏运营商的重要因素之一。

麒麟游戏

麒麟游戏主营业务结构

麒麟游戏于 2007 年 7 月 7 日正式创建，是国内第三代网络游戏企业。成立之后，麒麟游戏得到 4 000 万元人民币天使投资。2009 年年初，深圳创新投资集团有限公司、北京清华启迪明德创业投资有限公司等联合注资麒麟游戏 5 000 万元人民币。该公司于 2009 年 5 月正式推出了其自主研发的第一款 MMORPG《成吉思汗 Online》，该游戏的最高同时在线人数一度超过了 40 万人，是 2009 年新推出游戏中在线人数最高的网游之一。

目前，麒麟游戏员工的总数近 500 人，其中研发人员为 300 人左右。凭借自主研发的游戏引擎和游戏开发平台，麒麟游戏确立了精品游戏研发的发展战略。

麒麟游戏 SWOT 分析

麒麟游戏的优势与机会：

- 经验丰富的研发及运营团队：麒麟游戏目前的研发团队超过 300 人，95%的研发人员具备两年研发经历及两款网游制作经验。同时，麒麟游戏拥有一支由业界资深人士组成的运营团队，充分保证了麒麟游戏能够在不断发展变化的市场环境中持续推出符合主流网游消费群体需求的网游新作。

- 精品游戏策略：产品竞争力依然是目前中国网络游戏市场的核心竞争能力。麒麟游戏自主研发的《成吉思汗》推出之后凭借优秀的游戏品质成为 2009 年中国游戏市场的黑马，截止到 2009 年年底，《成吉思汗》注册用户数量超过 8 500 万，并获得 2009 年度（第七届）中国游戏产业年会“十大最受欢迎网游”奖、“十大最受欢迎民族网游”奖等荣誉。

麒麟游戏的劣势与威胁：

- 与搜狐畅游的知识产权之争：2009 年 7 月，搜狐畅游在北京海淀区人民法院状告麒麟网《成吉思汗》侵犯了搜狐畅游《天龙八部》的知识产权，目前麒麟网的《成吉思汗》和搜狐畅游的《天龙八部》在知识产权上的纠纷还没有定案，相关案件还在审理过程中，这场网络游戏知识产权的纠纷给麒麟游戏的未来发展埋下了一定的隐患。

- 面临着激烈的市场竞争：作为网络游戏行业的新兴企业，麒麟游戏面临激烈的市场竞争。同时，政府对网络游戏的监管和政策导向也是左右麒麟游戏与其他网络游戏运营商的重要因素之一。

淘米网络

淘米网络成立于2007年，是新型网络游戏研发运营公司，面向儿童网络服务市场，致力于提供儿童互联网教育、娱乐、信息综合平台服务。旗下拥有《赛尔号》、《哈奇小镇》、《小花仙》、《摩尔庄园》、《功夫派》和《大玩国》六款儿童SNS游戏。《摩尔庄园》(mole.61.com)是一个网上虚拟世界，以健康、快乐、创造、分享为主题。《功夫派》是淘米网络专为中国6～14岁儿童创办的功夫探险虚拟社区。2009年4月，淘米网络开始涉足图书出版、玩具、服装等领域。预计2010年淘米网络收入将超过1亿元。

中青宝

深圳中青宝互动网络股份有限公司（原深圳市宝德网络技术有限公司）成立于2003年，是一家具有自主研发能力、运营能力、代理能力的专业化网络游戏公司。自2006年以来，公司保持了高速成长。公司的收入主要来自《抗日英雄传》、《战国英雄》、《天道》三款游戏。

2008年，公司获中青联创科技（北京）有限公司注资，并由宝德网络更名为中青宝网。公司一直坚持“红色网游、民族网游、健康网游”的路线，目前已推出与即将推出的五款游戏的题材都集中在抗日战争和春秋战国两个时期，弘扬爱国主义与传统文化。主打产品《抗日英雄传》正是由团中央网络影视中心发起与支持开发的。未来公司可能在团中央的支持下获得更大的发展空间。

游戏蜗牛

游戏蜗牛（苏州市蜗牛电子有限公司）是中国最早的3D网络游戏研发公司。公司成立于2000年，总部设在拥有2 500年历史的江南秀丽名城苏州，现有员工800多人，其中专业技术人员500余人，在上海、美国、俄罗斯分别设立全资子公司。

游戏蜗牛具有较强的自主研发能力，旗下包括《航海世纪》、《机甲世纪》、《舞街区》、《天子》、《英雄之城》、《蜗牛网》、《帝国文明》等多款游戏产品。

游戏蜗牛具有较强的海外拓展能力。目前，公司和众多国际运营商建立了长期合作关系，旗下多款产品先后在韩国、日本、俄罗斯、东南亚、北美等20多个国家和地区成功运营，赢得了全球数千万用户的青睐。

空中网

空中网是中国领先的无线互联网公司，旗下有四大主营业务，包括无线增值业务、手机游戏业务、无线娱乐互动门户Kong.net和互联网游戏，为广大手机用户打造手机音乐、图铃下载、社区交友、手机游戏等无线互动产品，提供新闻、娱乐、体育、财经、阅读等多种无线娱乐内容，同时为广大互联网游戏用户提供高品质的在线游戏服务。

公司总部设在北京，在上海、广州、深圳、天津等地设有分公司，员工人数超过1 000人。

2009年12月15日，空中网并购国内著名互联网游戏公司大承网络，正式进军互联网游戏领域，并借助空中网在无线领域的资源和研发实力，打造“手机游戏＋互联网游戏”的跨平台服务。

附录 6　2009 年中国游戏产业大事记

● 2009 年 1 月 5 日，多部委部署在全国开展整治互联网低俗之风专项行动。

国务院新闻办、工业和信息化部、公安部、文化部、工商总局、广电总局、新闻出版总署等 7 部门 5 日在京召开电视电话会议，部署在全国开展整治互联网低俗之风专项行动。

● 2009 年 1 月 13 日，盛大公司和金山公司在上海签署“开放之约”。

双方将在游戏运营和计费渠道、呼叫中心、分红推广等领域内进行尝试性合作。盛大将取得金山现有主力网络游戏《剑侠世界》的合作运营权，为此将组织专门的团队。在该项目的合作上，金山将以开发商的身份出现。与此同时，盛大将向金山公司另外一款网络游戏《剑侠情缘网络版 2》开放在线服务平台，为其提供在线计费、呼叫中心等服务。

● 2009 年 1 月 13—15 日，2008 年度中国游戏产业年会在青岛举行。

本次年会由新闻出版总署科技与数字出版司、工业和信息化部软件服务业司、青岛市人民政府、山东省新闻出版局、中国出版工作者协会支持，中国出版工作者协会游戏出版物工作委员会主办，青岛市市南区人民政府、北京时代计世资讯有限公司、青岛国际动漫游戏产业园有限公司承办。

中国游戏产业年会是目前中国游戏产业规格最高、参会人数最多、产业链最为齐全的一次年度盛会。本届年会回顾了 2008 年产业市场，展望了 2009 年产业发展，同时针对目前的民族游戏原创、游戏新业态、创建和谐绿色游戏环境、增强企业社会责任意识和产业内外合作共赢等热门话题进行了讨论。来自游戏产业的众多企业领导参与了年会大会主题演讲和高峰对话。

本次产业年会在青岛举行，不仅会推动当地相关产业的发展，还为青岛本土的游戏产业指明了方向。据悉青岛将计划用 3～5 年时间，把青岛打造成中国游戏动漫产业发展的中心城市和山东半岛动漫产业辐射源，形成一条集游戏动漫及相关产品的研发、生产、制作、发行的较完善的产业链。

● 2009 年 1 月 15 日，网络游戏八巨头称金融危机对网络游戏业影响甚微。八家网络游戏公司高管在出席游戏产业年会高峰对话时一致认为，金融危机对中国网络游戏行业的影响甚微。

这八家公司分别是盛大、巨人、金山、九城、腾讯、完美、联众、智冠。这些公司都认为中国游戏产业从宏观层面并未受到影响。金山公司求伯君表示，从 2008 年游戏产业增长 76％等宏观层面上来看，中国网络游戏产业并没有受到金融危机的影响。智冠公司王俊博也表示台湾地区游戏业收入在金融危机后的 3 个月都保持了增长，预计 2008 年收入将达 5 亿美元新高。

● 2009 年 1 月 15 日，盛大宣布未来 3 年将继续投资。

盛大网络总裁谭群钊在出席 2008 年度中国游戏产业年会时透露，盛大实际投资企业已经超过 30 家，整体耗资 3 亿元，未来 3 年将继续投资 10 亿元。盛大于 2007 年提出 18 基金和“风云计划”，将资金投向原创内容和原创团队。

● 2009 年 2 月 6 日，完美时空《口袋西游》成功打入韩国市场。

本土网络游戏研发与运营商北京完美时空网络技术有限公司宣布，该公司旗下 Q 版飞天宠物空战网络游戏《口袋西游》正式签约韩国 Hiwin 公司，成为其又一款出口至韩国的网络游戏。

《口袋西游》是完美时空于 2008 年打造的一款全新 Q 版 3D MMORPG 网络游戏，也是完美时空首款以宠物为主题的网络游戏。

● 2009 年 3 月 3 日，巨人网络透露，该公司进军海外市场首战告捷，其推向越南市场的首款网络游戏《征途》最高同时在线人数已突破 13 万人，跃居该市场的前列。

《征途》在越南由当地最大网络游戏运营商 Vinagame 代理运营，2008 年 9 月 25 日正式公测，当天玩家人数突破了 5 万人，截至 2009 年 3 月 3 日，最高同时在线人数已达 13.3 万，五个月内成为越南网络游戏市场的领军企业之一。

● 2009 年 3 月 11 日，《剑网 3》内测，金山称《剑网 3》成《剑侠情缘》系列绝响，西山居将推新网络游戏。

金山方面表示，《剑网 3》将是《剑侠情缘》系列最后一款作品，由此推测，下一款新作或许是西山居悄然开创的又一个武侠品牌。

西山居是国内最老牌的游戏工作室之一，也是金山最重要的游戏研发基地，其研发的《剑侠情缘》系列游戏被玩家奉为武侠网络游戏经典。业内人士分析，西山居在武侠类游戏领域经验丰富，下一款神秘网络游戏是武侠题材的可能性很大。

● 2009 年 3 月 12 日，金山软件北京公司入住新楼。

金山软件北京公司入住的新楼耗资 1.75 亿元，据金山软件内部员工透露，金山软件北京公司将 3 月 13 日定为“搬家日”，迁往位于北京上地信息产业基地的北京金山软件大厦，新办公楼将于 3 月 16 日正式使用。金山软件在 2008 年 5 月斥资 1.75 亿元购买新楼，以应付集团营运和业务扩充需要。

● 2009 年 3 月 18 日，新闻出版总署在上海召开了“加强网络游戏监管、做好防沉迷系统实施”工作会议。

新闻出版总署副署长孙寿山、新闻出版总署科技与数字出版司副司长寇晓伟、中央文明办未成年人思想道德建设组副组长吴向东、上海市新闻出版局副局长陈颂清、全国公民身份证号码查询服务中心副主任陆素冰以及北京、上海、江苏、浙江、四川、广东六省市新闻出版管理部门负责同志出席了此次会议，并在会议上发表了讲话。全国近百家网络游戏企业的代表也参加了这次会议，并对防沉迷实施细则进行了分组研讨。

孙寿山副署长在会上指出，要把网络游戏监管和防沉迷系统实施工作纳入到进一步净化社会文化环境、促进未成年人健康成长的整体工作部署中去，确保我国网络游戏产业健康有序发展。他说，总署是全国净化社会文化环境工作协调小组成员单位，加强网络游戏监管和实施防沉迷系统是净化社会文化环境的重点工作之一，依法加强包括网络游戏在内的网络出版资质审批和监管也是国务院赋予总署的一项重要职能。两办下发的《关于进一步净化社会文化环境、促进未成年人健康成长的若干意见》明确规定，总署在净化社会文化环境工作中主要负责出版物市场、互联网出版监管和网络游戏的网上出版前置审批以及对境外著作权人授权的互联网游戏作品的审批。要继续实施网络游戏防沉迷系统，对网络游戏加强审查，严格把关，凡未设置防沉迷系统的网络游戏，一律不准运行。

● 2009 年 4 月 2 日，搜狐畅游公司在纳斯达克上市。

2009 年 4 月 2 日晚 9 点 30 分，负责作为互联网四大门户巨头之一的搜狐旗下游戏业务的畅游公司顺利在纳斯达克上市，成为 2009 年第一只在纳斯达克上市的中国股票，这也使得搜狐成为国内第一家拥有两家上市公司的互联网公司。搜狐畅游的股票最终得到 19 倍超额认购，纳斯达克更是将搜狐畅游定义为“2009 年中国第一 IPO”。

此次搜狐分拆游戏业务将避免游戏业务发展过快影响企业定位，这也是出于企业战略需要的考虑，定位于门户与网络游戏齐发展。另外，单独成立的畅游也将为游戏业务的发展提供更大的空间。畅游目前运营中国最受欢迎的大型多人在线角色扮演游戏之一的《天龙八部》，游戏用户数量和收入均保持强劲增长。畅游领先的技术平台包括先进的2.5D图形引擎、统一的游戏开发平台、有效的反作弊和反黑客技术、自主研发的跨网络技术和先进的数据保护技术等。

● 2009年4月16日，官方宣布网易获得《魔兽世界》中国大陆运营权。

美国暴雪娱乐公司和网易公司（NASDAQ：NTES）宣布，在中国大陆地区《魔兽世界》现有运营权协议到期后，将其独家运营权授予网易旗下关联公司，为期三年。

● 2009年5月7日，“戒网专家”电击治网瘾所惹出的争议。

CCTV《朝闻天下》报道杨永信无证使用电击治疗：能用治疗精神疾病的方法治疗网瘾吗?《中国青年报》也报道了“戒网专家”电击治网瘾所惹出的争议。

● 2009年5月12—13日九城关停魔兽服务器：数据移交正式启动。

暴雪与九城13日确认，魔兽服务于12日晚发生临时中断，直到13日上午才陆续恢复。有知情人士透露，九城关停服务器与数据转移有关，这意味着九城与网易之间的数据移交工作已正式揭幕。

● 2009年5月19日，完美时空董事长兼CEO：完美时空业务多元化。

完美时空董事长兼CEO池宇峰透露，完美时空已以1 500万元人民币入股成都一家网页游戏公司，以扩大完美时空的在线社区业务，同时，完美时空还向北京完美时空文化传播投资7 000万元，将该公司的持股比例一举提高到了89%。

● 2009年6月7日，第九城市关闭《魔兽世界》服务器。与此同时，丁磊和暴雪 CEO Morhaime 宣布 WOW 过渡正式开启。

● 2009 年 6 月，九城北京公司大裁员，《王者世界》运营权被收回。

● 2009 年 7 月 1 日，新闻出版总署就加强对进口网络游戏审批管理的工作发布了《关于加强对进口网络游戏审批管理的通知》。

《通知》指出，新闻出版总署是唯一经国务院授权负责境外著作权人授权的进口网络游戏的审批部门，如发现有其他部门越权进行前置审查审批、违法行政的，有关企业可以依法向国务院监督部门举报或提起行政诉讼。

此外，在境内举办各种游戏的会展交易节庆活动中，凡涉及境外游戏作品的展示、演示、交易、推广等内容的，必须按进口网络游戏审批规定，事先报新闻出版总署审查批准。违者将依法予以取缔，并追究主办、承办单位和相关企业的责任。

● 2009 年 7 月 8 日，《信息时报》：完美时空三年跃升国内网络游戏出口 NO. 1。

自从 2006 年 7 月《完美世界国际版》第一次实现出口以来，三年间，完美时空已经向 60 多个国家和地区出口了多款游戏，成为中国网络游戏出口 NO. 1。对此，业界认为，作为市场的"标识符"，完美时空正如一面镜子，映射出了中国网络游戏企业全球化战略的雄心。

● 2009 年 7 月 22 日，EA 与网龙达成协议，共同开发全新《网络创世纪》。

美国艺电（NASDAQ：ERTS，以下简称 EA）与中国领先的网络游戏开发及运营商——网龙网络有限公司达成一项全新的授权协议。根据此协议，网龙将与 EA 旗下的 Mythic Entertainment 合作，以 EA 系列游戏《网络创世纪》为蓝本，开发新款大型多人在线角色扮演游戏（MMORPG）。同时，网龙还将获得包括中国香港及澳门地区在内的中国和印度地区的独家运营与分销权。

● 2009 年 7 月 23 日，第七届中国国际数码互动娱乐展览会（China Joy 2009）在上海新国际博览中心开幕。

中国国际数码互动娱乐展览会是由中华人民共和国新闻出版总署、中华人民共和国科学技术部、中华人民共和国工业和信息化部、国家体育总局、中国国际贸易促进委员会、中华人民共和国国家版权局和上海市人民政府共同主办，中国出版工作者协会游戏出版物工作委员会、上海市新闻出版局和北京汉威信恒展览有限公司承办的国际著名数码互动娱乐展览会，每年都会吸引来自欧洲、美洲、日本、韩国、东南亚各国、中国大陆以及中国台湾、中国香港等国家和地区从事数码互动娱乐业的厂家会聚在上海。第七届 China Joy 展览会，展览面积达到 35 000 平方米，来自中国、美国、日本、法国、加拿大、澳大利亚、韩国等国内外的 200 余家游戏知名企业参展，参展的产品涵盖网络游戏、PC 游戏、电视游戏、手机游戏、街机游戏、掌机游戏，还包括电信增值服务、数码消费类电子产品、游戏周边产品等，充分体现出当今国际数码互动娱乐业的新成果、新技术、新动态。共计 1 117 名记者到会对展览会进行现场跟踪报道。展览会期间举办了中国国际数码互动娱乐产业高峰论坛、中国数码互动娱乐产业投资发展论坛、中国移动娱乐发展论坛、中国休闲游戏发展论坛、China Joy 游戏动漫角色扮演嘉年华、“张江杯”—China Joy 电子竞技大赛、Miss China Joy 青春风采大赛等诸多会议和大型活动。本届中国国际数码互动娱乐展览会充分展示了国际最前沿的数码互动娱乐产品和技术，同时，全球产业界的专业人士也针对中国数码互动娱乐产业的现状及未来发展趋势各抒己见。

● 2009 年 7 月 30 日，新闻出版总署同意《魔兽世界》内测。

在对网之易公司申请代理运营境外著作权人授权的网络游戏

《魔兽世界》的审批过程中，新闻出版总署考虑到该游戏运营代理转换过程中有大量数据需要梳理，为保护玩家的切身利益不受损害，允许网之易公司在对不良内容进行修改的同时，自7月30日起进行内部测试，重点是对玩家在游戏中的各种数据进行有效恢复，同时明确要求内测期间不得收费和提供新账号的注册。网之易公司对此表示完全接受和执行。

内测仅限于原有注册玩家，重点是对玩家在游戏中的各种数据进行有效恢复。内测期间，运营公司不得收费，不得提供新账号的注册，采取一切必要措施，切实维护原有玩家的权益。

- 2009年8月2日，《梦幻西游》最高同时在线人数达256万。

网易公司自主研发并独立运营的网络游戏《梦幻西游》于2009年8月2日14时40分最高同时在线人数达到256万人，这不仅刷新了该款游戏于2008年8月份创下的232万同时在线人数的纪录，也再一次刷新了中国网络游戏最高同时在线人数纪录。

- 2009年8月29日，盛大收购彭海涛创办的网络游戏公司星漫科技。

继1月完美时空（NASDAQ：PWRD）网络游戏开发和运营中心落户成都、6月成都博瑞传播（600880.SH））出资逾4亿元收购成都梦工厂网络公司100%股权后，又一出网络游戏并购在成都上演。最新消息显示，上海盛大网络公司（NASDAQ：SNDA）已基本完成对网络游戏公司成都星漫科技的收购，据知情人士透露，收购价不低于1.4亿元。

- 2009年9月2日，新闻出版总署责令关闭未经审批的境外网络游戏。

新闻出版总署整治网络游戏低俗内容，共有71款网络游戏被查处，27家网络游戏企业被警告。在网络游戏清理整治通气会上，新闻出版总署有关负责人通报了查处情况，共有《美国1930》等45

款未经审批的境外网络游戏被责令关闭，停止运营服务；《音乐情人》等26款存在低俗内容的网络游戏被查处；27家网络游戏企业（网站）被发出违规警告通知书，并被责令限期整改；10家网络游戏企业（网站）负责人被诫勉谈话。

● 2009年9月7日，中央机构编制委员会办公室印发《中央编办对文化部、广电总局、新闻出版总署〈“三定”规定〉中有关动漫、网络游戏和文化市场综合执法的部分条文的解释》。

文化部、广电总局、新闻出版总署《“三定”规定》中规定：“文化部负责动漫和网络游戏相关产业规划、产业基地、项目建设、会展交易和市场监管。”“国家新闻出版总署负责在出版环节对动漫进行管理，对游戏出版物的网上出版发行进行前置审批。”“将国家新闻出版总署动漫、网络游戏管理（不含网络游戏的网上出版前置审批），及相关产业规划、产业基地、项目建设、会展交易和市场监管的职责划入文化部”。相关职责划入文化部后，新闻出版总署“负责在出版环节对动漫进行管理”，“出版环节”是指动漫的书、报、刊、音像制品等动漫出版物的审批。

新闻出版总署负责网络游戏的网上出版前置审批。“网络游戏的网上出版”是指网络游戏的出版物。“前置审批”是指在经工业和信息化部门许可通过互联网向上网用户提供服务之前，由新闻出版总署对网络游戏出版物进行审批。一旦上网，完全由文化部管理。对经新闻出版总署前置审批过的网络游戏，文化部应允许上网，不再重复审查，并在管理中严格按新闻出版总署前置审批的内容管理；网络游戏出版物未经新闻出版总署前置审批擅自上网的，由文化部负责指导文化市场执法队伍进行查处，新闻出版总署不直接对上网的网络游戏进行处理。

《“三定”规定》之科技与数字出版司职责中“负责对出版境外著作权人授权的互联网游戏作品进行审批”中的“出版境外著作权

人授权的互联网游戏作品”，是指出版由境外著作权人授权的、在互联网上网的游戏出版物。

● 2009年9月9日，蓝港在线与越南游戏运营公司达成出口协议。

网络游戏公司蓝港在线宣布，其与越南游戏运营公司FPT Online达成出口协议，蓝港旗下网络游戏《西游记OL》将授权FPT Online代理运营，签约授权金额为100万美元。

● 2009年9月23日，《剑侠情缘网络版3》正式开始商业化运营。

国产网络游戏企业金山软件宣布，旗下产品《剑侠情缘网络版3》正式开始商业化运营，五大区服自9月21日中午12点开始收费，其他服务器也将陆续开始收费运营。这标志着这款业界关注的网络游戏在争议声中最终选择时间收费模式，这也是免费模式普及以来网络游戏业首次高调回归时间收费。

● 2009年9月26日，盛大游戏（NASDAQ：GAME）正式挂牌上市。

美国当地时间25日，盛大公司（NASDAQ：SNDA）分拆其旗下子公司盛大游戏（NASDAQ：GAME）正式挂牌上市，开盘价13美元。以其招股书中披露的发行价12.5美元计算，盛大游戏本次上市融资额高达10.4亿美元，超越年初搜狐畅游上市，成为2009年美国融资额最大的IPO，并刷新中国上市公司在纳斯达克交易市场的融资规模。

● 2009年9月28日，新闻出版总署、国家版权局、全国“扫黄打非”工作小组办公室发出《关于贯彻落实国务院〈“三定”规定〉和中央编办有关解释，进一步加强网络游戏前置审批和进口网络游戏审批管理的通知》。

本《通知》就网络游戏前置审批明确了两项原则：一是关于网

络游戏运营企业资质的前置审批，明确规定未经新闻出版总署前置审批并获得网络游戏经营范围的互联网出版许可证，任何机构和个人不得从事网络游戏运营服务；二是关于网络游戏上网的前置审批，明确规定未经新闻出版总署前置审批的网络游戏，一律不得上网。对经新闻出版总署前置审批过的网络游戏，可以上网使用，任何部门不再重复审批，文化、电信等管理部门应严格按新闻出版总署前置审批的内容管理。未经新闻出版总署前置审批上网运营或审批后擅自改变内容的网络游戏，将被责令停止运营服务，并依法予以查处。

- 2009 年 9 月 29 日，为创造良好的网络文化环境，新闻出版总署对多款网络游戏（含网页游戏）进行集中审查。

为了为迎接新中国成立 60 周年创造良好的网络文化环境，新闻出版总署组织专门力量，对已出版运营的 200 多款网络游戏（含网页游戏）进行集中审查，对审查中发现有违规内容的网络游戏和企业予以严厉查处。

- 2009 年 10 月 11 日，网络视频传媒集团收购手机游戏厂商。

网络视频传媒集团第一视频在港交所发布公告称，作价人民币 1.68 亿元（1.9 亿港元）收购手机游戏厂商 Dragon Joyce 集团 70% 股权，其中 4 000 万港元以现金形式支付，剩余 1.5 亿港元将以发行100 789 333 股代价股份支付。

- 2009 年 10 月 13 日，中国台湾通过完美时空的投资。

台湾“经济部投审会”当天通过中国游戏龙头企业完美时空董事长池宇峰投资新台币 1 亿余元，成立完美时空互动科技。“经济部投审会”强调未开放中国大陆游戏业投资，完美时空在台是经营其他业务。

- 2009 年 10 月 14 日，湖南卫视正式宣布进入游戏领域。

继数月前推出芒果手机游戏乐园之后，湖南卫视金鹰网又推出

“芒果游戏乐园”的网络游戏平台，并同时推出第一款仙侠网页游戏《修真·芒果仙侠传》，这意味着湖南卫视将触角全面伸向游戏领域。

● 2009 年 10 月 17—18 日，由腾讯游戏主办的“2009 腾讯游戏嘉年华”在上海浦东正大广场隆重举行。

腾讯游戏负责人、腾讯公司执行副总裁任宇昕在开幕致辞中透露，腾讯游戏旗下同时在线人数已经超过 1 000 万，未来一年半时间内要推出至少 6 款游戏，其中至少一半由腾讯自主研发。

2009 年第二季度财报显示，腾讯游戏以 12.410 亿元的收入位列中国网络游戏运营商首位，这也是腾讯作为中国最大的互联网企业在游戏业务中首次排名第一。

● 2009 年 10 月 20 日，巨人网络发布《绿色征途》。

本土网络游戏公司巨人网络在上海对外发布 2009 年最重要的一款网络游戏《绿色征途》。这款游戏是该公司董事长兼 CEO 史玉柱这几年的“反思之作”，游戏核心理念是关注非付费玩家。

● 2009 年 10 月 22 日，九城美国股东起诉该公司及其多名高管。

2009 年 10 月 22 日（美国东部时间 10 月 21 日），九城（NASDAQ：NCTY）美国股东劳伦斯·格拉泽（Lawrence Glaser）向位于曼哈顿的纽约南区地方法院起诉了该公司及其多名高管，诉称被告披露的信息不完整或披露虚假信息，导致股东高价买进其股票。

● 2009 年 10 月 29 日，搜狐畅游宣布开设美国子公司。

2009 年 10 月 29 日（美国东部时间 10 月 28 日），搜狐畅游（NASDAQ：CYOU）宣布，该公司已经在硅谷开设了美国子公司，计划将其在亚洲地区取得了巨大成功的网络游戏引荐给美国的游戏玩家。畅游网宣布，将于 2009 年 11 月 5 日在美国市场上对网络游戏《天龙八部 Online》进行公测，这款游戏在亚洲地区已经运营了三年多，拥有 7 500 多万注册用户，同时在线用户人数最高达 91 万人。美国用户可登录 www.dragonoath.com 下载《天龙八部 Online》的客户端。

畅游网于 2009 年 4 月在纳斯达克 IPO（首次公开发行）上市，筹资 1.2 亿美元，IPO 首日股价大幅上涨 25%，当前股价较 IPO 价格高出 110%。畅游网 2009 财年第三季度营收创下 6 870 万美元的历史新高，较 2008 年同期增长 26%，较上一季度增长 3%。

- 2009 年 11 月 2 日，酝酿达 3 个月之久的网易游戏频道正式上线。

2009 年 7 月，网易重启游戏频道的消息被披露后引起了业内的广泛关注。据透露，网易自 7 月中旬起共花费近 40 天的时间组建团队，随后将主要精力用于开发新游戏资料库等产品，而综合新闻部已于 10 月开始试运行。

- 2009 年 11 月 2 日，新闻出版总署终止《魔兽世界》（《燃烧的远征》）审批。

11 月 2 日，新闻出版总署于总署官网发布通知：因网之易在审批过程中擅自对旗下游戏《魔兽世界》开始收费并提供新账号注册的行为，终止《魔兽世界》（《燃烧的远征》）审批，退回关于引进出版《魔兽世界》的申请。通知要求，网之易公司立即停止违规行为，纠正错误，停止收费和新账号注册。据了解，此次对《魔兽世界》作出退回申请的处理，并不意味着不予批准，如网之易纠正错误，即可重新申报，恢复审批程序。

- 2009 年 11 月 5 日，2009 年度优秀游戏评选大赛“金翎奖”颁奖礼在京举行，现场共颁出 12 个奖项，50 多款游戏获得殊荣，其中有九成是我国自主研发的游戏。

2009 年“金翎奖”堪称中国游戏产业有史以来最具权威性、规模最大、媒体关注度最高和政府支持力度最大的游戏评选活动。特别值得说明的是，本次评选的评委就是全国 5 000 万热情的游戏玩家。本次评选活动进行了长达半年的宣传推广，并最终在一个月的时间内收集到广大游戏玩家手机短信投票共计百万票。最终，一个最能真实显现广大玩家意志的“中国游戏排行榜”浮出水面。

● 2009 年 11 月 12 日，盛大网络与湖南广电在上海宣布达成战略合作。

盛大网络与湖南广电双方将共同出资 6 亿元人民币成立盛世影业有限公司。根据战略合作框架，双方将在符合国家现行政策的前提下积极创新机制，开展资本和资源合作，新成立的盛视影业主营业务为电影和电视剧的制作、发行及相关衍生业务，包括艺人经纪服务和相关服务业务。

● 2009 年 11 月 16 日，暴雨娱乐宣布旗下首个分支机构——常州暴雨已初具规模，并形成了产学研一体化的运作模式。

据悉，暴雨娱乐在常州暴雨的投资已经超过人民币 700 万元。常州暴雨于 2008 年年底成立，主要负责为上海总部储备游戏研发人才。经过近一年的发展，常州暴雨现已下设游戏学院、游戏制作中心及游戏研发中心，利用学校、企业及科研院所在人才培养上的不同优势，将人才的储备和培养直接与生产实践相挂钩。

● 2009 年 11 月 20 日，盛大公司宣布将在江苏省无锡市建设一个“互动娱乐”主题的公园，该项目同时也是与无锡市政府合作的项目。

根据盛大公司披露的信息，该“互动娱乐主题示范园”位于无锡著名的风景区蠡湖中央公园，概念是“国内第一个基于物联网的互动娱乐主题示范园区”，目前有关该项目投资额、建设进度等细节不详。

此外，盛大还承诺在无锡的 K-Park（太湖新城科教产业园）设立配套的“物联网娱乐创新院”和“产业园区”。

● 2009 年 11 月 24 日，网龙网络有限公司与俄罗斯在线游戏运营商达成合作协议。

网龙网络有限公司宣布，与俄罗斯在线游戏运营商 Nival Network 公司达成协议，授权后者于俄罗斯及独联体地区独家运营其旗舰产品《魔域》的俄文版。这是继《征服》之后，双方的又一次合作。

● 2009 年 12 月 1 日，蓝港在线与云起（RUN UP）签署运营授权合同。

蓝港在线宣布已与云起签署授权合同，由后者在马来西亚、菲律宾、新加坡、中国台湾、中国香港及中国澳门等六个国家和地区运营蓝港在线开发的首款网页游戏《快乐神仙 WEB》，预计 2009 年年底正式商业运营。

《快乐神仙 WEB》为 Q 版图形化回合制网络游戏，与目前国内大多数以三国为题材的 SLG 类游戏（策略类游戏）不同的是，玩家可以在游戏中跑动甚至飞行。有分析称，这款游戏在美术效果和操作流畅度方面，几乎媲美目前的主流客户端游戏产品。

● 2009 年 12 月 2 日，盛大游戏 CEO：盛大游戏将与金山联合运营《剑网 3》。

2009 年 12 月 2 日，盛大游戏 CEO 李瑜证实盛大将与金山联合运营《剑网 3》，这也是金山首度就《剑网 3》与同行展开联合运营。此前，已有消息称金山近期将与盛大旗下浩方平台展开大规模联合运营。在盛大游戏 12 月 2 日举行的电话会议上，李瑜宣布已与“金山签订通过盛大游戏平台运营 3D MMORPG《剑网 3》的协议，进一步加深双方的合作”。同时，李瑜还表示盛大游戏将继续寻找互利互惠的合作机会，以丰富用户的游戏体验。

● 2009 年 12 月 11 日，巨人网络与腾讯宣布，双方将合作运营网络游戏《绿色征途》。

《绿色征途腾讯版》第一批服务器将于近期开放。巨人网络副总裁纪学锋表示，腾讯是中国最大的互联网应用平台之一，希望借助这个游戏平台让更多玩家分享巨人网络开发的优秀作品。即将推出的《绿色征途腾讯版》与原版保持同步更新，两家运营平台的游戏内容完全一致。

• 2009 年 12 月 13 日，新闻出版总署署长柳斌杰在《新闻联播》中表示，总署将清理所有未经审批的进口游戏，清理未经备案的私自出版的游戏，保证游戏市场健康有序地运行。

据了解，新闻出版总署近日正式启动治理整顿网络游戏出版工作，重点打击传播色情、暴力有害信息的行为。根据情节轻重，将依法作出停业整顿、巨额罚款等处理。

这是继 2009 年 11 月 2 日总署下发通知终止《魔兽世界》审批后总署领导首度就加强进口网络游戏审批管理发表意见。

• 2009 年 12 月 25 日，深圳中青宝网网络科技股份公司 IPO 申请顺利过会。

深圳中青宝网网络科技股份公司 IPO 申请 12 月 25 日顺利过会，中青宝网将成为首家以网络游戏为主营业务登录创业板的网络游戏公司。共青团中央直属单位网络影视中心是其间接股东。

• 2009 年 12 月 28 日，盛大游戏和金山软件宣布共同出资成立合资公司。

2009 年 12 月 28 日，金山软件与网络游戏开发商、运营商和发行商盛大游戏（NASDAQ：GAME）在京联合召开新闻发布会，宣告金山软件与盛大游戏已达成共同出资成立合资公司的意向，这标志着金山软件与盛大游戏双方战略合作跨入了新阶段。

附录 7　中国游戏产业大事记（1994—2008 年）

● 20 世纪 90 年代中期，单机游戏产品纷纷上市，但限于市场不够成熟，国产游戏的研发走入低谷。

20 世纪 90 年代中期，美国 EA 的《命令与征服》及中国台湾地区的《仙剑奇侠传》进入中国大陆市场，刮起了一股电脑游戏旋风。90 年代后期，中国游戏的研发能力逐渐提高，许多工作室如雨后春笋般出现，一些本土公司纷纷加入，出现了不少佳作，如前导的《赤壁》、金山的《剑侠情缘》、奥世的《铁甲风暴》等。遗憾的是，因市场不够成熟，经营水平限制，特别是盗版的冲击，多数研发公司都难以为继，纷纷进行调整，国产游戏的研发走入低谷。

● 1999 年，中国游戏业逐步由低谷走向繁荣。

1997—1998 年，中国游戏业由于受到盗版的冲击，加上一些经营场所缺乏规范管理，以及社会舆论的压力等原因，产业发展陷入低谷。进入 1999 年，由于一大批优秀单机版游戏的出版，中国电子游戏出版物市场逐渐走出低迷，当年市场规模达到 1.5 亿元人民币。

● 2000 年，网络游戏逐渐显露头角。

进入 21 世纪，由于大量海外网络游戏产品、人才、资金、技术的进入，以及中国经营水平的进一步提高、市场规模的进一步扩大，中国游戏出版产业焕发了新的生机。从 2000 年 7 月华彩在中国推出第一款网络游戏《万王之王》直到 2001 年 7 月，这期间参与运营的网络游戏商和产品都可谓市场先驱。由于当时市场竞争尚不激烈，所以这些网络游戏都有不俗的表现，代表产品有《万王之王》、《网络三国》、《千年》、《石器时代》等。

• 2000 年 9 月 25 日，中华人民共和国国务院发布了《互联网信息服务管理办法》（国务院令第 292 号）。这是我国首次为规范互联网信息服务活动，促进互联网信息服务活动有序发展而制定的重要法规。

《办法》首次提出了互联网出版的概念，并明确了新闻出版总署对全国互联网出版单位进行前置审核、对互联网出版内容和活动进行监管的职责。《办法》的颁布标志着我国互联网出版包括互联网游戏出版进入有法可依、依法管理的轨道。互联网出版是继图书、报纸、期刊、音像制品和电子出版物后出现的又一种出版形态，具有很好的发展前景。随着内容资源在互联网发展中的作用越来越突出，网络出版活动将成为互联网上的重要信息服务之一。互联网游戏是互联网出版的重要门类之一。

• 2000 年，目标软件制作的《傲世三国》在美国 E3 大展上正式展出。

2000 年，在国际著名游戏发行公司 Eidos 的推荐下，目标软件制作的《傲世三国》在美国 E3 大展上正式展出，这是中国游戏第一次出现在这个号称“电子娱乐奥斯卡”的盛会上。2001 年，《傲世三国》进入美国全球游戏排行榜 Global100，这是中国自主研发的游戏首次进入这个权威排行榜。

• 2000 年以后，网络游戏市场的迅猛发展带动了整个游戏出版产业的发展。

2001 年，中国游戏出版市场规模约 5 亿元人民币，其中网络游戏占 3.1 亿元，首次超过了单机版游戏的市场规模。

• 2001 年 7 月以后，以网络游戏为代表的中国游戏出版产业的新时代拉开了序幕。

2001 年 7 月，以盛大网络正式引进韩国网络游戏《传奇》为开端，至 2002 年 7 月，这段时期由于盛大网络的成功运营，仅半年时间，同时在线人数已经突破了10万人，创造了巨大的效益。同时期的其他网络游戏虽然没有能够像《传奇》那样大红大紫，但也受到众多游戏消费者的欢迎，市场效果相当不错，如《龙族》、《红月》、《金庸群侠传》、《大话西游Online》、《魔力宝贝》、《倚天》等。可以说，从这一时期开始，中国游戏出版市场重新全面启动，以网络游戏为代表的中国游戏出版产业的新时代从此拉开了序幕。

• 2001年12月25日，中华人民共和国国务院发布了《出版管理条例》（国务院令第343号）。

该《条例》是我国规范出版活动最重要的法规，其规定的管理原则适用于所有出版活动，也是规范互联网游戏出版活动的重要法规依据。《条例》在第八章中明确规定："互联网出版管理办法和电子出版物出版的管理办法，由国务院出版行政部门根据本条例的原则另行制定"。

• 2002年以后，众多网站及游戏、非游戏行业的公司纷纷参与到网络游戏代理运营行列中来，中国游戏出版产业进入快速发展阶段。

继网易推出《大话西游》（网络版）与《精灵》之后，新浪以《天堂》为起点，介入网络游戏经营，随后，搜狐也宣布运营网络游戏《骑士Online》。国内三大门户网站全面布局网络游戏，这进一步刺激了中国网络游戏出版产业的发展。从2002年下半年至今，由于众多重量级门户网站，如网易、新浪、搜狐，以及一些非游戏行业的上市公司、网络运营公司、电信企业，还有海外一些大的游戏公司纷纷参与到网络游戏代理运营行列中来，出现了中国网络游戏出版市场空前火爆、竞争空前激烈的局面，中国游戏出版产业进入快速发展阶段。

• 2002年以后，中国台湾七家上市游戏公司产品纷纷进入中国大陆游戏市场。

2002年年初，亚洲第一款3D网络游戏、台湾昱泉国际制作的

《笑傲江湖网络版》正式在中国大陆运营。同期，台湾网络游戏股王——游戏橘子正式成立北京公司。至此，台湾七家上市游戏公司产品齐聚中国大陆游戏市场。

● 2002年6月，新闻出版总署和信息产业部根据国务院《互联网信息服务管理办法》和《出版管理条例》，联合颁布了《互联网出版管理暂行规定》。

《规定》对包括互联网游戏出版在内的互联网出版活动提出了全面、具体的管理原则和办法。同期，新闻出版总署为加强对游戏内容的审查管理，成立了全国游戏出版物专家审读委员会，有效地提高了对游戏内容的监管水平。

● 2002年7月，第九城市正式宣布代理运营网络游戏《奇迹》。

凭借《奇迹》的出色运营业绩，第九城市逐渐成为盛大网络强劲的竞争对手，网络游戏出版市场形成群雄逐鹿的竞争态势。

● 2002年，天府热线正式成立欢乐数码。

这是电信企业首次跨入提供互联网内容服务的网络游戏经营业。

● 2002年，中国网络游戏出版市场实际销售收入达9.1亿元。

2002年年末，根据市场调查统计，中国网络游戏出版市场实际销售收入当年达9.1亿元，网络游戏出版运营商近90家，网络游戏出版物近100种。

● 2003年4月28日，光通通信正式代理运营《传奇3》。

自光通通信代理运营《传奇3》并在2003年8月收费以来，运营状况良好，说明成功的网络游戏作品续作仍会受到游戏消费者喜爱。光通通信成为中国网络游戏出版市场中一支重要新军。

● 2003年5月26日，《孔雀王》停止运营，成为国内第一款停止运营的网络游戏。

2003年5月26日，奥美电子在其主页上发表了停止运营从韩国引进的网络游戏《孔雀王》的声明。声明称《孔雀王》在中国的运营工作长期以来得不到韩方的正常技术支持以及后续版本的更新，从而导致《孔雀王》的运营服务陷入半瘫痪状态，虽然为此奥美作了最大的努力，也付出了巨大的代价，但是交涉无果，不得不终止《孔雀王》在国内的运营。

● 2003 年 7 月 16 日，联邦软件和目标软件签约共同投资开发《傲世三国 Online》。

联邦软件和目标软件在北京举行签约仪式，双方达成协议，将共同投资 3 500 万元人民币开发运营网络游戏《傲世三国 Online》。这种强有力的合作表明，越来越多的中国游戏经营企业正以极大的热情关注和投入到国产游戏的自主研发之中。

● 2003 年 7 月 26 日，金山公司推出首款自主研发的网络游戏《剑侠情缘网络版》。

金山公司在涿州央视外景基地铜雀台古建筑群召开发布会，推出首款自主研发的网络游戏《剑侠情缘网络版》。该游戏研发历时近 3 年，动用了大批技术精英投入技术攻坚，耗资 1 500 万元人民币，上市后引起了业界的广泛关注。金山公司已成为中国游戏产业界自主研发的重要力量。

● 2003 年 7 月，游戏工作委员会正式成立。

为了改善游戏出版业的现状，规范游戏出版物市场，消除产业发展中的不良因素，加强企业与政府的联系，维护中国游戏出版经营企业的合法权益，促进中外游戏界的交流与合作，使中国游戏出版业更加健康和繁荣，中国出版工作者协会适时提出组建游戏工作委员会，并于 2002 年年底开始酝酿组建工作。2003 年 3 月，游戏工作委员会筹备组成立。在新闻出版总署等有关主管部门的大力支持下，经过四个月的积极准备，游戏工作委员会经新闻出版总署批准，报国家民政部备案后，于 2003 年 7 月正式成立。

• 2003 年 8 月 27 日，新闻出版总署发布了《关于在游戏出版物中登载〈健康游戏忠告〉的通知》。

《通知》旨在引导消费者特别是广大青少年合法、科学地使用游戏出版物。《通知》规定，自 2003 年 9 月 1 日起，所有电子出版物出版单位在新出版的电子游戏出版物中、互联网游戏出版机构在出版的互联网游戏出版物中，应设置必要的程序，在游戏开始前，必须在画面的显著位置全文登载《健康游戏忠告》。《健康游戏忠告》全文：抵制不良游戏，拒绝盗版游戏。注意自我保护，谨防受骗上当。适度游戏益脑，沉迷游戏伤身。合理安排时间，享受健康生活。

• 2003 年 9 月，科技部正式将两项网络游戏技术纳入国家 863 计划。

科技部正式将“网络游戏通用引擎研究及示范产品开发”、“智能化人机交互网络示范应用”两个项目纳入国家 863 计划，并向有关技术研发企业投入 500 万元科研资金，这是我国首次将网络游戏技术纳入国家科技计划，将极大地促进中国民族网络游戏自主研发水平的提高。

• 2003 年 9 月底，上海盛大网络发展有限公司与韩国 Actoz 公司在长达一年多的纠纷之后宣布和解。

此事件引发了中国游戏产业界围绕如何促进民族游戏产业自身发展、保护知识产权、维护消费者权益、解决中外企业平等合作等问题的思考和讨论。越来越多的中国企业已经意识到中国游戏产业要在国际竞争中占据主动，就必须掌握核心技术，提高自主研发能力，推出更多的民族游戏作品。

• 2003 年 10 月 25 日，第二款韩国网络游戏《天使》停止运营。

高嘉科技有限公司官方向消费者发出公告，宣布从韩国引进的网络游戏《天使》停止运营。《天使》成为继《孔雀王》之后国内第二款宣布停止运营的韩国网络游戏。多起韩国网络游戏停止运营的事件，再次引起了中国游戏业界对完全依靠引进代理模式前景的疑问。

● 2003 年 11 月，天人互动公司因投入过多资金经营网络游戏《魔剑》，陷入困境。

曾代理并汉化大批欧美单机版游戏大作的天人互动公司，因代理运营网络游戏《魔剑》投入资金过多，经营没有起色，陷入困境。这提醒了业界在中国游戏产业快速发展的今天，务必冷静思考，理性投资。

● 2003 年 11 月 28 日，索尼（中国）公司在京举行新闻发布会，宣布 PS2 正式进入发展中的中国游戏市场。

索尼（中国）公司高层充分表达了对于中国市场的信心，并且对于 PS2 产品在中国未来的发展趋势充满希望，同时明确表示将完全实现 PS2 游戏产品在中国的本地化，即主机的生产、光盘的生产以及游戏产品的开发都将以中国本地化为主。至此，世界上最大的电视游戏厂商正式进入了正在蓬勃发展中的中国游戏市场。

● 2003 年 12 月 18 日，新闻出版总署、信息产业部、国家工商行政管理总局、国家版权局、全国“扫黄打非”工作小组办公室联合发出了《关于开展对“私服”、“外挂”专项治理的通知》。

《通知》中明确了“私服”、“外挂”这种违法行为是指未经许可或授权，破坏合法出版、他人享有著作权的互联网游戏作品的技术保护措施，修改作品数据，私自架设服务器，制作游戏充值卡（点卡），运营或挂接运营合法出版、他人享有著作权的互联网游戏作品，从而谋取利益、侵害他人利益。“私服”、“外挂”违法行为属于非法互联网出版活动，应依法予以严厉打击。近年来，“私服”、“外挂”不仅成为网络游戏出版运营商摆脱不了的噩梦，也成为困扰网络游戏出版产业发展的瓶颈。游戏产业的繁荣需要良好的产业环境，政府坚决打击“私服”、“外挂”有利于促进产业健康有序发展。

● 2003年，由于SARS肆虐，严重制约消费，中国网络游戏出版市场增长速度低于预期。

据新闻出版总署音像电子和网络出版管理司开展的“2003年中国游戏产业调查活动”统计，2003年中国网络游戏出版市场增长率为45.8%，中国网络游戏出版市场实际销售收入达13.2亿元人民币。

● 2004年1月5日，索尼PS2在中国正式开始销售。

随着PS2进入中国，电视游戏将和单机游戏、网络游戏一起逐步成为国内游戏的三个重要细分市场。

● 2004年1月15日，中华人民共和国新闻出版总署音像电子和网络出版管理司在北京举行了“2003年中国游戏产业报告发布会”。

《2003年中国游戏产业报告》从游戏产业的出版发展、游戏产业链结构、游戏市场实际销售情况以及游戏产业对相关产业的贡献等方面，对几年来中国游戏产业从无到有、从小到大的发展历程作出了详细的总结和分析，并在此基础上对我国游戏产业今后的发展提出了建设性的意见。会上同时公布了2003年中国网络游戏市场实际销售收入为13.2亿元人民币。

● 2004年1月16—18日，首届中国国际数码互动娱乐产品及技术应用展览会（China Joy）在北京展览馆举办并获得圆满成功。

该展会由新闻出版总署、国务院信息化办公室、中国国际贸易促进委员会和国家版权局主办，信息产业部、科技部、教育部、共青团中央作为支持单位。展会以“扶持民族游戏产业、促进国际交流合作、加强知识产权保护、引导健康消费观念”为宗旨，凸显权威性、国际性、专业性的特点，以高质量、高水平在国内外产生了良好反响。该展会已成为游戏产业产品及技术展现的平台、信息交流的园地、商务互动的桥梁，对我国游戏出版及繁荣产生了积极的促进作用。共有130多家国内外游戏厂商参展，上百家媒体对展会予以高度关注和积极宣传。

● 2004年2月4日，前微软（中国）总裁唐骏出任盛大网络总裁，负责盛大的日常总体运营；陈天桥出任盛大公司董事长。

● 2004年2月27日，第九城市计算机技术咨询（上海）有限公司最终赢得了《魔兽世界》的在华独家运营权。

《魔兽世界》的在华独家运营权争夺结束，先后有数十家厂商参与了《魔兽世界》中国运营权的争夺，第九城市在诸多合作伙伴的帮助下，最终胜出。

● 2004年3月3日，中国版《A3》开始公开测试并引起较高关注。

五个月之后，由于用户大量流失，中韩矛盾激化，运营发生困难。

● 2004年3月12日，新闻出版总署、国家版权局、国家工商行政管理总局、信息产业部、全国“扫黄打非”工作小组办公室五部委在上海召开“深入开展打击‘私服’、‘外挂’专项治理工作会议”，确定进一步抓重点地区、抓主要环节、抓大案要案的工作方针，以此带动专项治理工作。

● 2004年3月29日，北京世模科技有限责任公司宣布《使命》停止运营。

● 2004年3月30日，网络游戏领域的电子商务迎来了自己崭新的开始。

骏网“加油站”系统上线，至此，包括联邦“雷雨网”、晶合“E都”和骏网“加油站”的三大渠道商都建立了电子商务平台。

● 2004 年 4 月 4 日，成都数字娱乐软件园举行了揭幕仪式。

该软件园是由成都市政府相关部门和高新区支持建立，由游戏开发商、电信网络运营商、信息内容提供商、手机终端制造商等企业和机构共同组成的手机游戏产业基地，计划在 3～5 年内形成 100 亿元人民币的产业规模效应。

● 2004 年 4 月 9 日，海虹控股与韩国 NHN 集团签署《战略合作框架协议》。

海虹控股与韩国 NHN 集团签署《战略合作框架协议》，韩国 NHN 集团将出资 1 亿美元收购 50％的联众股权。

● 2004 年 4 月 12 日，国家广电总局就电脑网络游戏类节目的问题发出《关于禁止播出电脑网络游戏类节目的通知》。

《通知》要求各级广播电视播出机构一律不得开设电脑网络游戏类栏目，不得播出电脑网络游戏节目。

● 2004 年 4 月 15 日，第九城市计算机技术咨询（上海）有限公司正式宣布对目标软件进行战略注资。

此次战略注资是为了帮助目标软件完成其国产 3D 网络游戏《傲世 Online》的开发。第九城市董事长朱骏表示，第九城市将坚持在游戏产业的发展，布局定位一定是集研发、运营、服务于一体的公司，与目标软件的合作是第九城市实现战略布局的一种新的尝试。

● 2004 年 5 月，中央文明委发出《中央精神文明建设指导委员会贯彻落实〈中共中央、国务院关于进一步加强和改进未成年人思想道德建设的若干意见〉的目标任务分工》的通知。

通知要求，新闻出版总署牵头“制定相关政策，积极鼓励、引导、扶持软件开发企业，开发和推广有益于未成年人健康成长的游戏软件产品”。新闻出版总署随后启动了“中国民族网络游戏出版工程”，开发“绿色网络游戏保护神”系列软件及组织开发大型系列网络游戏《中华英雄谱》，为青少年提供更多寓教于乐、弘扬中华民族优秀文化的网络游戏。

● 2004 年 5 月 12—14 日，美国电子娱乐博览会（E3 展）在美国洛杉矶国际会议中心举办。

此次博览会有来自全球的 400 多家厂商及上千款平台游戏参展，其中包括网龙等中国厂商。新闻出版总署音像电子和网络出版管理司副司长寇晓伟率团到美国 E3 展参观考察，并到中国公司展台前与中国游戏厂商进行了交流。

● 2004 年 5 月 13 日，盛大互动娱乐有限公司在美国纳斯达克挂牌上市。

盛大最终确定每股发行价为 11 美元。这是中国首个在美国纳斯达克上市的网络游戏公司。

● 2004 年 5 月 31 日，苏州神游公司正式宣布于 6 月推出“小神游”（Game Boy Advance，GBA）。GBA 是任天堂公司出品的拥有掌上游戏机市场份额 98%的产品。

● 2004 年 6 月 16 日，金山公司与台湾智冠科技签署合作协议。

金山公司在北京召开“金山·智冠签约会”，宣布台湾智冠科技在接下来的三年时间内，将代理运营金山公司西山居工作室《剑侠情缘》系列网络游戏产品，全面负责《剑侠情缘》在中国台湾和香港地区的游戏运营。五个月后，金山公司对外正式宣布，《剑侠情缘网络版》台湾地区公测在线人数突破 4 万人，并继成功登陆新加坡、马来西亚市场之后，即将与越南合作厂商正式签约。

● 2004 年 6 月 29 日，国务院下发《国务院对确需保留的行政审批项目设定行政许可的决定》（国务院令第 412 号）。

《决定》明确规定新闻出版总署负责“出版境外著作权人授权的电子出版物（含互联网游戏作品）审批”。

● 2004 年 7 月 12 日，ESWC2004 电子竞技世界杯总决赛圆满结束。

2004年7月6—12日，ESWC2004电子竞技世界杯总决赛在法国巴黎附近的小城普瓦杰举行，来自世界各国的电子竞技高手聚集在一起，为7个项目的世界冠军头衔展开激烈争夺。中国代表队在此次盛会中取得了女子CS季军和实况足球第三名、第四名的好成绩。

● 2004年7月22日，在北京召开了中国青少年网络协会第一次会员代表大会。

青少年网络协会是共青团组织适应信息时代新形势，延伸工作手臂，拓展工作领域，充分运用网络手段服务青少年健康成长的一个创新，也是联系、服务互联网行业的一个青少年工作平台。

● 2004年7月30日，盛大正式宣布以现金方式参股上海浩方在线信息技术有限公司。

盛大同时宣布，将在2006年以支付现金和普通股的方式获得浩方控股权。在之后的两个月，盛大加大了扩张步伐，连续收购了杭州边锋和国内领先的移动游戏开发商北京数位红软件应用技术有限公司。就此，盛大进一步迈向成为互动娱乐公司的目标。

● 2004年8月，新闻出版总署下发了《关于落实国务院归口审批电子和互联网游戏出版物决定的通知》。

《通知》旨在贯彻实施《行政许可法》，落实国务院令第412号文件的有关决定，切实加强对引进版电子和互联网游戏出版物的管理，明确新闻出版总署是国务院唯一归口审批游戏出版物的行政部门，对引进版电子和互联网游戏出版物的申报审批程序进行了规范。它的出台对进一步规范电子和互联网游戏出版物出版程序具有十分重要的意义。

● 2004年8月3日，日本世嘉公司于上海四季酒店召开了新闻发布会，正式宣布成立世嘉上海分公司。

世嘉高层在会上表示，现在非常看好中国的游戏市场，将会投入更多的资金和更多游戏，并有可能在中国开设大型电子游戏乐园。

● 2004年8月23日，网易公司宣布从韩国引进的网络游戏《精灵》停止运营。

● 2004年8月25日，由中国版协游戏工委（GPC）推荐的“绿色网络游戏保护神”系列软件之“游戏之星防盗号系统”正式推出。

“游戏之星防盗号系统”在中广亚公司、光通公司等先后开通使用，对保护游戏用户的利益起到了积极的作用。

● 2004年9月2日，上海市教委开始面向全社会公开招标动画系列片和网络益智游戏。

上海市教委的这次公开招标活动的目的是让更多优秀的动画片和网络游戏占领学校网络平台。

● 2004年10月5—7日，第二届中国国际数码互动娱乐产品及技术应用展览会（China Joy）在上海新国际博览中心举行。

此次博览会参展厂商140多家，有150余款最新国内外游戏作品展出，参展面积达到2万平方米，参观人数达8万多人。中国国际数码互动娱乐产品及技术应用展览会已成为继美国E3展、日本东京电玩展之后的世界第三大游戏展览会。本届展会最突出的一个亮点，就是中国自主开发的民族网络游戏成了展会的主角，《剑侠情缘》、《梦幻西游》、《天骄2》、《刀剑Online》等一大批国产网络游戏极具民族特色，制作优良，在展会期间吸引了大批的观众参观、试玩。展会已成为向世界游戏出版界全面展示中国民族游戏出版产业发展成就的平台，向世界同行展示了中国游戏开发的不俗实力。

● 2004年10月5日，游戏蜗牛自主开发的网络游戏《航海世纪》被正式宣布引进到韩国出版运营。

北京游戏蜗牛公司正式宣布自主开发的网络游戏《航海世纪》被韩国九兄弟公司引进到韩国出版运营，签约金额约达 15 亿韩币。此金额已经超过了当时韩国主流产品在本国的价格。《航海世纪》是世界首款 3D 航海题材游戏，也是韩国公司从中国引进的首款中国网络游戏。

• 2004 年 10 月 12 日，法国总统希拉克到上海育碧电脑软件有限公司参观，并亲手试玩了该公司新开发的游戏产品。

• 2004 年 10 月 19 日，首批列入“中国民族网络游戏出版工程”的 21 种网络游戏作品向社会正式公布。

首批入选的作品内容涉及中国历史、古典文学名著、神话传说及益智类游戏等，由 16 家网络游戏出版机构和研发公司开发，总投资超过 3 亿元。“中国民族网络游戏出版工程”的目的是振兴中国民族游戏出版产业，增强我国自主研发的网络游戏在游戏市场上的竞争力，为未成年人提供更多具有中华民族文化特色、内容健康的网络游戏作品，计划 2004—2008 年的 5 年内出版 100 种大型优秀民族网络游戏出版物。

• 2004 年 10 月 28 日，第二届中国国际网络文化博览会在北京展览馆举行。

党和国家领导人李长春、刘云山等亲临展会现场，了解盛大等公司的产品及企业发展情况。

• 2004 年 11 月 18 日，诺基亚在北京宣布 N-Gage 的第二代产品 N-Gage QD 正式登陆中国市场。

N-Gage QD 支持诺基亚 Series 60 系列智能平台，可使用的应用程序包括个人信息管理、XHTML 浏览器、E-mail 客户端等，还可以直接从网上下载安装 Series 60 系列应用程序。

• 2004 年 11 月 25 日，骏网获得金山网络游戏一卡通的销售总代理权。

经过数月谈判，国产网络游戏大作《封神榜》总代理权之争尘埃落定，骏网开出 6 000 万元人民币的天价夺得金山网络游戏一卡通的销售总代理权，创下业界网络游戏分销代理费新高。

• 2004 年 11 月 30 日，盛大宣布收购韩国 Actoz 公司的股份。

盛大宣布以 9 170 万美元收购韩国 Actoz 公司 28.9%的股份，表明盛大公司的国际化战略又迈出了新的一步。

• 2004 年 12 月 15 日，三款大型网络游戏《密传》、《命运 2》、《彩虹冒险》宣布将放弃原有运营模式，不再针对用户上线游戏时间收取费用，而采用“免费游戏＋虚拟物品买卖”的模式进行运营，这将是网络游戏收费模式的新趋向。

• 2004 年 12 月 16 日，第九城市计算机技术咨询（上海）有限公司在美国纳斯达克上市。

第九城市的股票发行价为每股美国存托股票（ADS）17 美元，发行 607 万股 ADS，融资约 1.03 亿美元。这是中国第二家在纳斯达克上市的网络游戏公司。

• 2005 年 1 月 5 日，像素软件自主研发的武侠类网络游戏《刀剑 Online》进入台湾市场。

台湾大宇信息正式代理像素软件自主研发的武侠类网络游戏《刀剑 Online》，这是继游戏新干线代理金山公司《剑侠情缘 Online》后第二款进入台湾市场的自主研发的网络游戏。

• 2005 年 1 月 7 日，连邦软件宣布，将在 2005 年 3 月之前实现对全国 10 大重点城市加盟店的直接控制。

为了避免销售渠道被架空的风险，连邦软件决定通过期权置换等方式把北京、上海、广州、杭州、成都、沈阳、西安、武汉、南京、郑州的松散加盟店整合为总部直控的连锁店，实现直接控制。

• 2005 年 1 月 11 日，新闻出版总署、全国“扫黄打非”工作小组办公室联合下发《关于查缴〈泰坦巨人〉等50种非法游戏出版物的通知》。

被查处的50种非法游戏出版物主要涉及五类情况：一是非法出版的境外电子游戏出版物含有国家明令禁止的内容；二是未按照规定申报批准，擅自出版引进版电子游戏出版物；三是音像出版社用音像制品版号违法出版引进版电子游戏出版物；四是制作公司违法、违规现象严重；五是盗版电子游戏出版物问题突出。此次查缴行动在全国共查缴非法电子游戏出版物11万余张（套）。

● 2005年1月19—21日，在新闻出版总署的支持下，由中国出版工作者协会主办的第一届（2004年度）中国游戏产业年会在广州番禺举行。

中宣部、新闻出版总署、国务院新闻办、信息产业部、广州市政府等相关领导，以及盛大、网易、新浪、第九城市、光通、连邦、搜狐、金山等企业代表和专家代表在会上进行了演讲。新闻出版总署副司长寇晓伟在年会主题演讲中表示，希望中国民族游戏企业要在“合作、创新、原创、人才、开拓、责任、规则、繁荣”八个方面不断努力，开创新局面，同时政府也将不断建立完善相应的制度，保障游戏产业健康发展。年会发表了《2004年中国游戏产业报告》，还邀请了来自游戏媒体、游戏网吧、游戏周边厂商等多方位、多层次的业内精英，共同商讨游戏市场的发展定位、市场关系、消费产业链，举办了多个主题交流座谈会。中国游戏产业年会作为推动中国游戏产业健康、可持续发展的重要活动，成为业界盛事，将每年召开一届。

● 2005年1月31日起，33集古装大戏《仙剑奇侠传》在上海卫视电视剧频道每晚7点档两集连播。

这是中国首部根据同名网络游戏改编的电视剧，上海文广影视中心看好此剧在游戏用户中的号召力，希望凭借游戏的影响力带动电视剧的收视率，因此一口气买下了该剧连续15年在上海地区的播映版权。

● 2005年2月28日，日本史克威尔艾尼克斯公司宣布结束与大宇的合资关系。

日本史克威尔艾尼克斯公司在上市公告中说明，公司针对合资公司“网星”正式签署“合资经营结束和营业转让契约”，结束与大宇的合资关系，曾经成功运营《轩辕剑Online》与《魔力宝贝》的原网星史克威尔艾尼克斯网络科技（北京）有限公司将于2005年12月1日正式拆分。大宇同时成立100%自资的“网星乐园（北京）科技有限公司”，而史克威尔艾尼克斯在中国设立的全资子公司——史克威尔艾尼克斯（中国）互动科技有限公司（Square Enix (China) Co.，Ltd）已于2005年1月在北京成立。

● 2005年3月，五部门联合举办“健康上网，拒绝沉迷——帮助未成年人戒除网瘾大行动”。

此行动是针对当前在青少年中存在的网络成瘾综合征等现象，由新闻出版总署会同中央文明办、共青团中央、中国社会科学院、光明日报社等五部门联合举办，并邀请陶宏开教授等著名专家、学者以讲座、论坛、心理咨询等形式在上海、济南、南京、徐州、扬州、福州、厦门、广州、深圳、太原、成都、重庆、天津、贵阳、武汉、咸宁、恩施、岳阳、汨罗、隆回、齐齐哈尔等全国21个城市开展巡回演讲，引导家长积极学习网络知识，帮助未成年人树立健康上网理念。2005年共在全国举办了超过50场次的巡回演讲，到场人数超过10万，通过电视、报纸、广播受到影响的人已达上千万，取得了极大的社会效应。

● 2005年4月15日，可口可乐（中国）饮料有限公司与第九城市在上海正式宣布建立战略合作伙伴关系。

双方在会上联合启动了“可口可乐——要爽由自己，冰火暴风城”的主题活动，由此掀起了国内外饮料巨头联手网络游戏大鳄共同开拓市场的高潮。2005 年 6 月 22 日，百事可乐斥巨资打造的全新广告在盛大网站上首播，百事可乐与盛大的全新合作就此拉开了帷幕。显然，国际巨头已经意识到网络游戏在年轻人中间的感染力和号召力，中国网络游戏产业的品牌市场推广价值获得了国际知名品牌的充分认同。

● 2005 年 4 月，奥美电子有限公司重组。

神州通信与泰国正大集团在神州通信新闻中心举行了签约仪式，宣布神州通信正式收购正大集团全资拥有的奥美电子有限公司 51%的股权和权益。神州通信是全国性电信运营商，拥有丰富的网络资源和覆盖全国的运营平台，重组的“奥美”高度整合了双方的优势资源。但在 2005 年 10 月中旬，奥美电子上海分公司宣布倒闭。

● 2005 年 4 月 18 日，派格太合宣布与法国育碧公司达成长期合作协议，将以 2006 年贺岁影片《无极》为蓝本开发一款网络游戏。

此次派格太合和育碧合作开发《无极》是国内首部电影尚未拍摄完成就已经开始授权改编网络游戏的新尝试。

● 2005 年 5 月，新闻出版总署联合五部委在全国范围内开展“全国中小学生网络安全与道德教育活动”。

新闻出版总署联合教育部、共青团中央、全国妇联、国务院新闻办、信息产业部在全国范围内开展“全国中小学生网络安全与道德教育活动”，旨在帮助未成年人树立网络安全道德意识，了解相关法律、法规，提高利用网络学习文化知识和加强自我保护的能力。同时，盛大、第九城市、清华同方教育技术研究院、新浪、搜狐、网易、腾讯、光通、中广亚、上海悠游网等企业还向全国中小学免费赠送 10 万套《中小学生网络安全与道德读本》，并举办了由百万中小学生参加的“全国中小学生网络安全与道德读书征文大赛”。

• 2005 年 5 月 24 日，新闻出版总署音像电子和网络出版管理司与国家版权局、北京市新闻出版局、全国“扫黄打非”工作小组办公室紧密配合，针对违法情节恶劣的《传奇 3G》的外挂网站“007 外挂”专门成立专案小组。

为彻底打击利用“私服”、“外挂”进行违法活动的犯罪分子的嚣张气焰，杜绝在互联网上从事“私服”、“外挂”非法活动的现象。专案小组历时数月，共查获取缔非法网站 2 家，查缴网络服务器 2 台、非法外挂点卡 3 万余张，犯罪嫌疑人被送交公安部门，彻底打掉了“007 外挂”。

• 2005 年 5 月 27 日，国家体育总局正式加入中国国际数码互动娱乐产品及技术应用展览会（China Joy）主办阵容。

自国家体育总局批准电子竞技运动成为我国第 99 个正式开展的体育项目以来，国家体育总局在规范、推广和开展国内电子竞技活动方面作出了巨大的贡献。为了进一步扩大电子竞技运动在中国的普及，China Joy 组委会正式邀请国家体育总局为展览会主办单位之一。至此，China Joy 的主办方已经扩大为 7 个国家部级单位。

• 2005 年 6 月 10 日，“中广网一卡通”正式上线。晶合时代公司宣布斥资 3 000 万元人民币拿下其虚卡及实卡全国销售总代理权。

• 2005 年 6 月 14 日，“百万家庭健康上网大行动”正式启动。

2005 年 6 月 14 日，中央文明办、共青团中央、新闻出版总署、中国社会科学院、光明日报社利用暑假期间在上海、成都、杭州、南京、武汉、广州、福州、重庆、长沙、西安等全国 10 大城市开展的“百万家庭健康上网大行动”正式启动。中国青少年网络协会、中国出版工作者协会、光明日报社网络信息部以及中国电信共同承办此次活动。此次活动是将《关于开展“健康上网拒绝沉迷——帮助未成年人戒除网瘾大行动”的通知》精神落到实处的一次重要体现，旨在引导青少年加入到健康上网大行动中来，从自身做起，提高网络素养，做合格的网络公民。

● 2005 年 6—7 月，骏网连续签下多款游戏的全国总代理权。

骏网签下《无尽的任务东方版》、《江湖 OL》、《混乱冒险》、《巨商》、《足球经理 OL》、《仙界传》、《侠义道》、《石器时代》、《天下无双》等多款网络游戏的全国销售总代理权。

● 2005 年 7 月 4 日，《传奇 3》私服提供者被上海检察院批捕。

光通及其委托咨询公司认为私服的运营是侵犯韩国版权商和中国运营商的专有使用权、使用许可权的违法行为，为了更好地保护自身权益，在取得了一定证据后，公司向其注册所在地上海普陀区经侦支队报案。公安机关最终锁定犯罪嫌疑人，取得了阶段性的成功。这也是中国刑事打击网络游戏私服第一案。

● 2005 年 7 月 4 日，全国首部数字娱乐企业《中国游戏行业自律公约》在成都高新孵化园正式签约启动。

参加本次签约的企业有来自本地网络游戏、手机游戏、动漫动画、单机游戏、街机游戏等领域的游戏行业代表及游戏培训机构代表，盛大、金山、腾讯成都分公司以及成都本地公司锦天科技、斯普软件的代表参加了签约协议。

● 2005 年 7 月 21 日，盛大正式启动“盛大盒子”内容合作伙伴计划。

盛大在众多合作伙伴的支持与参与下，在上海召开了主题为“开放、合作、多赢”的“盛大家庭战略内容合作发布会”，正式启动“盛大盒子”内容合作伙伴计划，这是盛大所经历的一场有史以来最为重大的转型。“盛大盒子”是盛大集成众多厂商技术，自行开发，具有自主知识产权的一种新型电脑终端产品。它基于开放式的 PC 架构，使用电视机或电脑显示器作为显示终端，采用简便的遥控器操作方式，能接入现有的宽带和有线电视网络，实现以“娱乐、生活、求知”为核心的众多功能和应用，致力于为消费者提供新鲜独特的互动娱乐体验。

● 2005 年 7 月 21—23 日，第三届中国国际数码互动娱乐产品及技术应用展览会（China Joy）在上海新国际博览中心举办。

本届展会由新闻出版总署、国家版权局、科技部、国家体育总局、国务院信息化工作办公室、中国国际贸易促进委员会以及上海市人民政府等单位共同主办，会议主题为“健康互动娱乐，为东方明珠添彩”。新闻出版总署副署长于永湛，中国出版工作者协会主席于友先，教育部、科技部、国家体育总局等部门以及上海市的相关领导等出席了开幕式，开幕式由国家版权局副局长阎晓宏主持。据统计，3 天展会参观总人次逾 10 万。150 多家来自欧洲、美洲、日本、韩国、中国大陆、中国台湾、中国香港以及东南亚各国的数码互动娱乐业的厂家会聚上海，展示了国际最前沿的数码互动娱乐产品和技术。本届展会展览面积达到 2.5 万平方米，现场展示的国内外最新的游戏产品超过 200 款，涵盖网络游戏平台、PC 游戏平台、电视游戏平台、室内大型游戏机（街机平台）、掌机游戏平台、手机游戏平台、休闲娱乐游戏等多种游戏内容表现形式，其中 60％的游戏内容还没有推向市场，展览规模及内容较第二届都有了更大提高。此外，现场还展示了游戏相关的硬件产品、时尚数码硬件产品、高端玩具产品、数字家庭娱乐系统等。

● 2005 年 8 月 19 日，目标软件联手联众世界举行了主题为“渠道共享，携手共赢”的推广活动。

此次推广活动涉及全国 15 个省、100 余座城市。在此次推广活动中，目标软件同联众世界全面共享渠道资源，双方共同拓展市场，从而形成合力，达到共赢的效果。据悉，此次合作将涉及渠道推广、产品捆绑、市场宣传等方面。目标软件与联众世界同为国内领先的在线游戏运营服务商，但由于各自运营的产品类型不同，所以其用户虽有一定的重合，但更多的是互补。这种由于产品类型的差异化而引起的合作尝试对产业的健康发展将会起到促进作用。

● 2005年8月23日，盛大、网易、金山、第九城市、新浪、光通和搜狐七家国内主要网络游戏厂商在北京新闻大厦共同签署了《保护未成年人健康　创建绿色网络游戏环境防沉迷宣言书》。

在宣言签署发布会上，唐骏、汪延、杨京、求伯君、董瑞豹、朱骏、王建军分别代表各自企业签署了协议。盛大总裁唐骏代表所有网络游戏厂商作了发言。他表示各大厂商将坚决履行宣言中的各项条款，给用户提供安全绿色的网络环境，创造健康文明的网络文化氛围。这标志着新闻出版总署作为网络游戏的行业主管部门，组织有关部门、专家、教育工作者、家长等共同研究制定出的全国首个《网络游戏防沉迷系统》开发标准开始正式在全国7家最大的网络游戏运营公司试验。这是新闻出版总署继发布《健康游戏忠告》、实施"中国民族网络游戏出版工程"、开展"全国中小学生网络安全与道德教育活动"、举办"健康上网拒绝沉迷——帮助未成年人戒除网瘾大行动"之后，采取的又一重大措施。

● 2005年8月30日，河南许昌新闻出版稽查大队对传奇私服"开心传奇"进行打击。

河南许昌新闻出版稽查大队统一行动，针对许昌铁通内部架设的传奇私服"开心传奇"进行打击，关闭其非法私服网站，涉案人员被依法追究法律责任。这是自五部委联合发文《关于开展对"私服"、"外挂"专项治理的通知》以来，又一次清理网络打击"私服"、"外挂"等违法行为的强有力行动。

● 2005年9月1日，盛大正式接手代理运营《仙境传说Online》。

《仙境传说Online》原中国地区代理商游戏新干线（智冠科技旗下子公司）已于2005年7月31日正式完成RO地区的代理协议。早在2005年7月11日，盛大即和韩国的网络游戏公司Gravity签署了代理协议，盛大将拥有《仙境传说 Online》在中国地区的独家运营权。盛大盛赞了智冠科技在这次交接《仙境传说 Online》过程中表现出的合作精神。

● 2005 年 9 月，《关于开展打击网络侵权盗版行为专项行动的通知》和《关于印发〈打击网络侵权盗版行为专项行动方案〉的通知》先后出台。

为认真贯彻落实《中华人民共和国著作权法》，促进《互联网著作权行政保护办法》（国家版权局、信息产业部令 2005 年第 5 号）的有效实施，加大知识产权保护工作力度，中共中央宣传部、公安部、信息产业部等八部委以及全国整顿和规范市场经济秩序领导小组办公室等七部委先后发出《关于开展打击网络侵权盗版行为专项行动的通知》和《关于印发〈打击网络侵权盗版行为专项行动方案〉的通知》。截至 2005 年年底，79 家三无网站被关闭；21 台专门用于侵权盗版的服务器被没收；109 家网站被责令删除侵权内容；29 家网站被作出罚款的行政处罚，共罚款 71 万余元；18 件涉嫌构成刑事犯罪的案件被移交公安部门，内容涉及文字、音乐、影视、软件、游戏等类型作品。上述查处打击工作，极大地打击了各种从事非法互联网游戏出版活动及从事互联网游戏“私服”、“外挂”活动者的嚣张气焰，净化了互联网出版环境，为互联网游戏的出版创造了健康稳定的发展环境。

● 2005 年 9 月 13 日，大型系列爱国主义网络游戏出版工程《中华英雄谱》首批五个项目（《郑和》、《雷锋》、《包拯》、《郑成功》和《岳飞》）在北京中华世纪坛正式发布。

新闻出版总署副署长石峰，中共中央宣传部、中央文明办、共青团中央等部门的领导以及专家、学者和新闻媒体人员等约 150 人参加了发布会。由新闻出版总署和共青团中央组织实施、盛大自主研发的《中华英雄谱》拟选择中国历史上一百位杰出人物，把他们的伟大业绩用网络游戏的形式加以表现，不仅适应了新时期未成年人思想道德建设的需求，也填补了目前网络游戏市场内容健康向上、弘扬主旋律、为青少年所喜闻乐见的网络游戏的空白。《中华英雄谱》将让青少年以身临其境的方式重走百名英雄之路，以益智互动的游戏学习百家英雄事迹，以真心实意的行动实现百年育人大业，真正做到寓教于乐、寓学于乐、寓知于乐。

● 2005 年 10 月 8 日，新闻出版总署启动了“互联网出版违规警告制度”。

为维护互联网出版秩序、净化网络环境、保护未成年人身心健康，新闻出版总署启动了“互联网出版违规警告制度”，并联合全国“扫黄打非”工作小组办公室对境内 53 家网站提供的《痴汉是犯罪》等 14 款宣扬淫秽色情、暴力内容的网络游戏进行了查处。新闻出版总署此次启动的“互联网出版违规警告制度”主要包括以下内容：对登载不良出版物内容的网站（包括首发登载网站和链接登载网站），一经发现立即召集网站负责人谈话，对其违规行为给予警告性处理，责令其 24 小时内删除不良内容并进行整改；对限期未改正的网站，将依照《出版管理条例》、《互联网信息服务管理办法》、《互联网出版管理暂行规定》等法规给予行政处罚，并予以公开曝光；建立违规档案，将网站的违规行为记录在案，对屡教不改者，将取消其相关许可直至关闭其网站。

● 2005 年 10 月 14 日，第九城市宣布将参与暴雪娱乐的《魔兽世界》游戏在大中华区以外地区的运营。

目前，维旺迪环球游戏公司在大中华区以外地区经营《魔兽世界》游戏的独家许可权已经授予第九城市子公司与大中华区以外的一家著名的网络游戏经营商合资创办的公司。第九城市通过其子公司控制了此合资公司 30％的股份。第九城市的总裁兼首席执行官朱骏表示，第九城市参与《魔兽世界》游戏在其他市场的运营表明公司已经迈出了坚实的一步，随着亚洲地区网络游戏业务的不断发展，将进一步实施长期发展战略。

● 2005 年 10 月 18 日，戴尔和网易正式签署异业合作协议。

戴尔和网易正式签署合作协议，戴尔旗下 Dimension 系列台式机和 Inspiron 系列笔记本电脑将全面接驳网易的《大话西游 OnlineⅡ》及《梦幻西游 Online》两款游戏产品。这是双方为适应中国市场采取的特别合作措施。戴尔方面表示，这种规模与类型的合作在全球还没有先例。2005 年 10 月中旬，腾讯《QQ 幻想》携手本土饮料公司娃哈哈，金山也在成都与国美电器、连邦软件结盟，在两大渠道的终端店面全面推广金山的最新网络游戏大作《剑网 2》。短短一周之内，网易、腾讯、金山都不约而同地展开了“异业合作”，发起新一轮的网络游戏市场攻势。

● 2005 年 10 月 26 日，由新闻出版总署音像电子和网络出版管理司主持、中国版协游戏工委（GPC）组织起草的《网络游戏服务合同》在 2005 年 4 月 30 日形成草稿的基础上，形成正式示范文本，并暂定于 2006 年 1 月的中国网络游戏年会上公布。

制定《网络游戏服务合同》示范文本的一个重要意义在于：它改变了传统的由企业制定、游戏用户接受的单向服务关系定位模式，变成由第三方制定，由企业接受、企业和用户适用的双向服务关系定位模式，从而使网络游戏消费者权益的保护有了现实基础和适用依据。

● 2005 年 10 月 31 日，第九城市宣布《魔兽世界》同时在线人数超过 50 万。

第九城市 CEO 朱骏宣布自 2005 年 4 月 26 日公测以来，《魔兽世界》同时在线人数超过 50 万，已经拥有了超过 250 万的付费使用者。

● 2005 年 11 月 11 日，国内主要的互联网企业先后公布了 2005

年第三季度财务报告。

与以前的高增长有所不同，第三季度最明显的一个现象是以网络游戏为主营业务的企业业绩增长速度远远低于预期，盈利能力下滑。网易网络游戏服务收入第三季度为 3.73 亿元人民币（约合 4 610 万美元），仅较上一季度增长了 8.4%，但未能达到事前预期，股价从 85 美元下跌到 62 美元，跌幅达 27%。盛大据其发布的第三季度财报，在线游戏部门的营收为 5 410 万美元，比上一季度下降 6.1%，股价也在短时间内出现了 20%左右幅度的下跌。第九城市尽管其第三季度营收达 2 280 万美元，较上一季度增长近两倍，但其网络游戏《魔兽世界》的在线用户峰值人数比上一季度减少了 8%。股价跌幅也超过 12%。

● 2005 年 11 月 14 日，盛大《传奇》纠纷国际仲裁胜诉。

2005 年 11 月 14 日，盛大《传奇》纠纷国际仲裁胜诉，新加坡国际商会仲裁院裁决，驳回 Wemade 的索赔要求。新加坡国际商业仲裁院认为在《传奇》游戏业务许可的解决过程中，Actoz 已被正式授权代表 Wemade，因此，Wemade 向盛大和 Actoz 提出的索赔要求被驳回。同时判定 Wemade 承担此案所产生的有关费用。而盛大已于 2005 年 11 月 29 日以 9 170 万美元现金向 Actoz 公司部分股东收购了约 29%的股份，从而成功控股该公司。

● 2005 年 11 月 15 日，公安部公布了十大侵犯知识产权犯罪国内案件，上海游塘存私自架设《传奇 3》游戏服务器终端案上榜。

● 2005 年 11 月 27 日，新闻出版总署音像电子和网络出版管理司负责人在文化产业发展论坛上表示要采取各种措施加强监管，制定产业政策。

在四川成都举办的文化产业发展论坛——“动漫产业专业论坛”上，新闻出版总署音像电子和网络出版管理司负责人在演讲中表示，新闻出版总署作为全国网络游戏出版产业的主管部门，一直坚持“两手抓”的方针，保护未成年人的合法权益：一方面，采取各种措施加强监管；另一方面，制定产业政策，积极促进网络游戏出版产业的繁荣。新闻出版总署2006年的工作要点之一就是争取把《互联网出版管理暂行规定》升级，变成条例。这个工作正在进行中，有关游戏出版审查的标准也在制定中。这些法规和规章的制定、颁布和实施将有力地保证各级新闻出版管理部门在开展互联网游戏监管的时候有法可依、有章可循、依法行政。

● 2005年11月29日，盛大宣布其旗下另一款主打游戏《传奇世界》将于2005年12月2日实行游戏时间免费、增值服务收费的新运营模式。

继网络游戏《传奇》与《梦幻国度》免费之后，盛大旗下另一款主打游戏《传奇世界》被宣布于2005年12月2日实行游戏时间免费、增值服务收费的新模式。在《传奇世界》保持季度增长约40%的高营收增长下，主动提出免费策略，充分说明了盛大主动转型的决心。

● 2005年11月30日，“中国民族网络游戏出版工程”第二批入选作品暨2005年《中国网络游戏原创力量调查报告》新闻发布会在北京新闻大厦召开。

新闻出版总署领导莅临发布会现场，并宣布《中华英雄谱》、《天龙八部》、《完美世界》、《真封神之天尊地魔》、《江山》、《铁血三国志》、《三国策Ⅳ》、《少林传奇 Online》、《毕业 Online》、《大富翁 Online》、《仙剑 Online》、《剑侠情缘网络版Ⅲ》、《幻想春秋》、《功夫小子》、《QQ幻想》、《三毛欢乐派》、《大唐风云》、《超级舞者》、《新绝代双骄 Online》和《新古龙群侠传》等20款作品入选2005年“中国民族网络游戏出版工程”，会上同时公布了中国版协游戏工委与17173.com联合举办的第二届网络游戏原创力量调查活动的调查结果。

● 2005年12月6日，北京歌华文化发展集团与日本世嘉株式会社共同签署了“设立游戏研发中心”的协议书。

此协议表明，北京歌华文化发展集团与日本世嘉株式会社将共同致力于网络游戏的自主研发，推动中国游戏产业的发展。

● 2005年12月13日，金山软件宣布将与华义国际达成长期合作战略联盟。

金山软件将于2006年年初接手华义中国的游戏业务，包括知名作品（《石器时代》、《天下无双》）和休闲游戏的运营、研发以及固定资产、无形资产（知识产权）、人力资源等的管理。

● 2005年12月15日，盛大与联合国粮食计划署在京召开全球首款人道主义教育游戏《粮食力量》中文版的新闻发布会。

《粮食力量》是联合国世界粮食计划署与盛大合作推出的一款公益性免费单机版游戏。联合国世界粮食计划署执行总干事詹姆斯·莫里斯亲赴现场，向大家介绍该游戏如何使用户形象地了解联合国世界粮食计划署，清晰地理解人道主义援助事业，从而鼓励用户为世界人道主义援助事业作出贡献。

● 2005年12月15日，2006中国通信产业发展形势报告会暨“2005中国通信产业十大关键词”评选发布会在京召开。

与会期间，信息产业部电信管理局副局长鲁阳宣布了2005年中国信息服务十大应用，网络游戏再次入选。

● 2005年12月22日，由中国互联网协会主办的《2005—2006中国互联网产业调查报告》正式发布。

中国互联网“品牌50强”、“创新50强”首次诞生。盛大、网易、第九城市、骏网在线等互联网知名企业共同入选“创新50强”。

● 2006年1月11日，“2005年度中国游戏产业年会”在厦门国际会展中心隆重开幕。

年会由新闻出版总署、福建省新闻出版局、厦门市人民政府支持，中国出版工作者协会主办，中国版协游戏工委、搜狐公司、17173.com共同承办。新闻出版总署、国务院法制办、国家体育总局、国家版权局、厦门市人民政府等相关领导，以及盛大、网易、第九城市、光通、搜狐、金山等企业高层发表了演讲。新闻出版总署音像电子和网络出版管理司副司长寇晓伟作主题演讲，宣布将在民族原创、人才培养、基地建设、技术创新、经济产业扶持、打击“私服”与“外挂”、帮助未成年人戒除网瘾等方面进一步加强规划和管理，促进中国游戏产业迈入世界强国行列。

此次年会发布了《2005年中国游戏产业报告》，《报告》显示，2005年中国网络游戏用户达到2 634万，比2004年增长了30.1%；网络游戏的实际销售收入达到37.7亿元人民币，比2004年增长了52.6%。网络游戏的快速增长，直接带动了周边产业的发展，提高了游戏行业对相关产业的影响和贡献。2005年，与网络游戏相关的电信业务收入为173.4亿元人民币，IT业的相关收入为71.6亿元人民币，出版业的相关收入为37.1亿元人民币，游戏产业对相关行业的总体贡献已远超过300亿元人民币。

● 2006年1月20日，广州光通通信公司宣布代理冰岛CCP公司网络游戏《EVE Online》。

《EVE Online》是一款太空题材的大型网络游戏，设计人员包括计算机博士、天文学博士等，该代理成为冰岛历史上最大的软件出口项目。

● 2006年2月6日，世界最大的互动娱乐软件开发商和发行商美国艺电公司（EA）于上海张江高科技园区正式成立艺电计算机软件（上海）有限公司。

EA全球发行业务高级副总裁、EA中国执行总裁韩力克表示，公司计划通过投资建立游戏制作室，引进EA在全球的成功经验和世界级的顶尖技术，吸引国内优秀的创意人才，通过众多的培训课程，精心培养新一代的游戏开发人员，并以此在日益发展的中国市场获得成功。

● 2006 年 2 月 27 日，联众宣布进行重大改革。

联众更换了沿用多年的 logo 以及 slogan，将无线增值业务外包给 TOM，将相关商品如游戏装备、道具、联众币等外包给卓越网运营，全面启动雅虎搜索及雅虎邮箱。除此之外，联众的在线广告也会全部外包，并且开放联众世界平台，以与其他网络游戏开发商合作。

● 2006 年 3 月 19 日，新闻出版总署音像电子和网络出版管理司表示，正在酝酿“网络游戏防沉迷系统”。

其实名认证方案包括三个系统：一是注册系统，用户需通过该系统提供身份信息；二是面向社会的查询系统，家长可通过该系统查询到孩子在玩哪些游戏及在线情况；三是验证系统，该系统与公安部门配合对注册的身份信息进行认证，一旦发现使用虚假身份注册的用户，将会对用户级别、经验值、道具等清零。

● 2006 年 4 月 8 日，史玉柱正式进入网络游戏行业，旗下征途网络公司的免费游戏《征途》投入运营。

● 2006 年 4 月 15 日，第九城市宣布签约韩国最大的游戏开发商 NCsoft。

第九城市宣布正式代理韩国最大的游戏开发商 NCsoft 公司的大型 3D 多人在线角色扮演游戏《激战》（*Guild Wars*）。

● 2006 年 4 月 25 日，国务院办公厅转发了财政部、教育部、科技部、信息产业部、商务部、文化部、税务总局、工商总局、广电总局、新闻出版总署等 10 部门《关于推动我国动漫产业发展的若干意见》。

《意见》明确提出，动漫产业是指以“创意”为核心，以动画、漫画为表现形式，包含动漫图书、报刊、电影、电视、音像制品、舞台剧和基于现代信息传播技术手段的动漫新品种等动漫直接产品的开发、生产、出版、播出、演出和销售，以及与动漫形象有关的服装、玩具、电子游戏等衍生产品的生产和经营的产业。《意见》指出，将加大国家财政投入力度，加大投融资支持力度，建设国家动漫产业基地，加强市场监管和知识产权保护，倡导行业自律，支持动漫产品“走出去”。此外，《意见》指出，要做好动漫行业标准制定和享受扶持政策的动漫企业认定工作，力争在5～10年内使我国动漫产业创作开发和生产能力跻身世界动漫大国与强国行列。

• 2006年5月24日，上海盛大网络发展有限公司宣布与沃尔特·迪士尼互联网部门（WDIG）签订合作协议。盛大将负责开发、推广和运营一款以迪士尼家喻户晓的卡通人物为原型的休闲游戏。

• 2006年5月29日，第九城市正式签约韩光软件（Hanbit-soft）。

第九城市正式和韩光软件签约，将在中国代理运营《地狱之门：伦敦》（Hellgate：London）。该游戏的主创团队成员由《暗黑破坏神》系列的原创班底组成，主要制作人为有“暗黑破坏神教父”之称的比尔·罗珀（Bill Roper）。

• 2006年5月30日，由天娱传媒授权，尚禾互动与第九城市联合运营的《超女世界Online》正式启动。

《超女世界Online》是以“超级女声”为题材，结合目前流行的网络游戏元素所开发的休闲网络游戏。

• 2006年5月31日，网易公司宣布旗下网络游戏《大唐豪侠》正式公测，并与康师傅进行异业合作。

网易公司宣布与饮料巨头康师傅进行合作。双方在广告、品牌、产品、渠道、线下推广以及SP无线网络等多方面进行合作。

• 2006年7月24日，由新闻出版总署、教育部、共青团中央、全国妇联、国务院新闻办公室、信息产业部共同主办的“全国中小学生网络安全与道德读书征文大赛”颁奖典礼在人民大会堂隆重举行。

新闻出版总署署长龙新民、副署长于永湛，共青团中央常务书记杨岳，国务院新闻办公室副主任王国庆，全国妇联书记处书记张世平到会，出席颁奖典礼的还有教育部、中宣部出版局、信息产业部的有关领导。“全国中小学生网络安全与道德读书征文大赛”持续近一年，参与学校近千所，受益的中小学生达到130多万人，在社会上产生了巨大的反响，在加强网络出版管理、促进网络出版繁荣、营造网络文明环境、帮助未成年人健康成长等方面发挥了重要作用。

● 2006年7月26日，由新闻出版总署、国家体育总局主办，盛大网络承办的“2006中国电子竞技产业国际高峰论坛”在上海召开。

国内外电子竞技企业高层、相关媒体参加论坛，就中外电子竞技产业发展的现状与未来，竞技内容出版资源开发、赛事组织、市场化运作等几个方面进行了充分交流，并就繁荣我国电子竞技业的统一规划、长远布局，保持中国特色，与国际接轨等问题进行了深入探讨。

● 2006年7月28—30日，第四届中国国际数码互动娱乐产品及技术应用展览会（China Joy）在上海新国际展览中心隆重开幕。

新闻出版总署署长龙新民、上海市委副书记殷一璀、上海市副市长杨晓渡、新闻出版总署副署长于永湛、国家版权局副局长阎晓宏、中国奥委会副主席何慧娴、中国出版工作者协会主席于友先，以及教育部、科技部、国家体育总局等部门有关领导出席了开幕式。据统计，本届展会创下了历史纪录，展会参观总人数达126 932人，来自欧洲、美洲、日本、韩国、中国大陆、中国台湾、中国香港以及东南亚各国的数码互动娱乐业的数百家厂家会聚上海，展示了国际上最前沿的数码互动娱乐产品和技术。

● 2006 年 7 月 28 日，北京完美时空与日本游戏运营公司 C&C Media 就《完美世界》(日文版) 版权代理签订合作协议。

北京完美时空在第四届 China Joy 现场与日本著名网络游戏运营公司 C&C Media 联合举行《完美世界》(日文版) 版权代理签约发布会，签约金额 200 万美元。这是中国网络游戏首次出口日本，新闻出版总署于永湛副署长、上海市人民政府有关领导出席了签约仪式。

● 2006 年 7 月 28 日，上海盛大网络发展有限公司与摩托罗拉公司联合宣布进行合作。

上海盛大网络发展有限公司与摩托罗拉公司联合宣布，盛大将为摩托罗拉专门定制的游戏手机 E680g 推出手机版游戏《传奇世界》和《梦幻国度》。除了发布手机游戏外，双方还宣布了一系列品牌合作推广计划，包括：在摩托罗拉 E680g 游戏手机上预装盛大的游戏内容，在电脑版《传奇世界》和《梦幻国度》游戏中推广摩托罗拉此款手机，以及产品包装上的合作。在产品推广活动中，盛大将向摩托罗拉提供其线上、线下和网吧的资源，还将与摩托罗拉分享其注册用户数据库。

● 2006 年 8 月 18 日，金山公司宣布获得总额为 7 200 万美元的投资。

联合投资方包括新加坡政府直接投资有限公司 (GIC)、英特尔投资和新宏远创基金。融资完成后，GIC 将成为金山第一大股东，新的董事会包括求伯君、许达来 (GIC 代表)、雷军、张荣宗 (联想集团代表) 和张旋龙，求伯君担任董事长。

● 2006 年 8 月 21 日，久游网与美国著名游戏运营公司 Acclaim 签订合作合同。

久游网与美国著名游戏运营公司 Acclaim 签订合同，就在北美地区运营两款由久游网自主研发的休闲类网络游戏《超级舞者》、《超级乐者》展开合作。Acclaim公司将代理《超级舞者》、《超级乐者》两款游戏，负责这两款游戏在美国及加拿大地区的运营、管理、推广、客服等相关内容，Acclaim公司特地为此聘请美国著名游戏设计师戴维·佩里（David Perry，代表作有《百战天虫》、《黑客帝国》）负责《超级舞者》的版本北美本土化，使其更加符合欧美用户的喜好。

● 2006年8月25日，团中央、新闻出版总署等九部委共同组织的“戒除网瘾特训营”开营。

团中央、新闻出版总署等九部委共同组织的“戒除网瘾特训营”在昌平区某部队大院开营，56名上网成瘾的少年与家长们一起聆听了特训营心理总督导应力教授所作的互动讲座。本期特训营为期5天，特训营为营员们安排了枪械知识、模拟野战、电影赏析和心理游戏等内容，以活泼的形式让少年们学习爱人和被爱。网络改变了世界，也让很多人在网络的世界里迷失了自己。虽然在中国，互联网只是近十年才迅速发展起来的，但是国内青少年网瘾症已引起社会各界的高度关注。这些网瘾青少年主要表现为上网行为失控并伴有一定的身心损伤。治疗这些网瘾青少年是一项艰巨复杂的任务：一方面，面对“网瘾症”这个新问题，需要教育学、心理学、医学等各方面学科相融合，促生新的治疗手法；另一方面，需要学生、家长、医疗人员及整个社会的共同配合。

● 2006年9月7日，上海盛大网络发展有限公司与关联企业盛开互动娱乐科技有限公司、中国科学院自动化研究所联合宣布，三方将合作成立由王阳生博士任实验室主任的数字互动媒体实验室。

该实验室将研制用于盛大网络家庭娱乐中心平台的健康概念的智能互动新游戏，此外，还将在基于自然互动技术的引擎研发与应用、游戏中的人工智能、新型互动娱乐技术整合开发与应用、运动检测与跟踪等诸多高新领域展开应用性研究。

• 2006 年 9 月 14 日，久游网宣布上海文广新闻传媒集团（SMG）举办“久游网舞林大会”。

“久游网舞林大会”是东方卫视继选秀节目《我型我 Show》和《加油，好男儿》后又一个选秀节目，该活动组织了海峡两岸和香港地区 60 多位明星参与。

• 2006 年 9 月 19 日，“微软游戏技术平台”在成都启动。

该平台由微软公司、成都高新区和四川华创天府数字技术有限公司三方共同创办，设立在成都高新区孵化园内，是国内第一个视频游戏研发机构，旨在通过建立开放的人才培训基地和营造游戏开发环境，激发中国软件企业进行 Xbox 视频游戏开发的热情，帮助中国游戏企业提高游戏开发技术水平，培育中国自己的视频游戏开发人才。

• 2006 年 10 月 18 日，2006 年度 China Joy“金翎奖”揭晓。

2006 年的“金翎奖”吸引了多达 330 款游戏参与总共 15 个奖项的角逐，比上年增加了 40 多款游戏。投票活动从 2006 年 8 月 23 日开始，到 2006 年 10 月 10 日中午 12 点结束，整个投票活动为期一个半月，活动评选的总票数高达 300 多万票。所有投票均来自全国各地的游戏用户及游戏爱好者，评选的结果具有客观的代表性。参加本次评选大赛的国内外游戏涵盖全球最热门、最新颖的网络游戏、PC 单机游戏、手机游戏三大领域。在本次评选大赛中，国产游戏也频频亮相，总计有 238 款国产游戏参与了评选，会聚了国产游戏的经典作品，较往年有明显的增加。

• 2006 年 10 月 23 日，中国天联世纪集团宣布与韩国 CJ 集团成立合资公司。

韩国 CJ 集团是韩国三星集团的母体企业，旗下横跨食品、生物、物流、IT 等行业，此次与运营网络游戏的天联世纪合资的是该集团旗下的网络游戏开发运营公司 CJ Internet。合资公司的出资比例为各出 50%，公司将主要运营 CJ 开发的游戏以及代理其他公司的产品。

● 2006 年 10 月 25 日，网星公司宣布将裁掉大部分员工，只有极少数员工留守。

网星公司的前身是网星史克威尔艾尼克斯网络科技（北京）有限公司，该公司由台湾大宇资讯集团（Softstar）与日本史克威尔艾尼克斯株式会社（Square Enix Co.，Ltd）于 2001 年 11 月联合投资创办，曾成功运营《魔力宝贝》。2005 年 2 月 28 日，大宇与史克威尔艾尼克斯正式宣布分道扬镳，大宇接手网星公司，而史克威尔艾尼克斯则带着《魔力宝贝》组建新的公司——SE 中国。

● 2006 年 10 月 26 日，上海盛大网络发展有限公司与中娱在线网络科技有限公司签约，代理后者自主研发的网络游戏产品。

上海盛大网络发展有限公司宣布签约中娱在线网络科技有限公司，代理发行民族网络游戏《乱武天下》。根据该协议，盛大网络将拥有《乱武天下》这款高品质休闲游戏除中国香港和中国台湾之外的全球独家运营权。

● 2006 年 10 月 27 日，全国人大代表提请《未成年人保护法（草案）》增加新规定。

全国人大法律委员会副主任委员周坤仁提请在十届全国人大常委会第二十四次会议二审的《未成年人保护法（草案）》中增加新规定，建议国家采取措施，组织研究开发新技术，阻止未成年人沉迷网络游戏。周坤仁在作关于《未成年人保护法（草案）》修改情况的汇报时说，目前一些青少年上网成瘾，长时间沉迷于网络游戏，身心健康受到很大损害，已经成为一个严重的社会问题，建议《未成年人保护法（草案）》除明确对于未成年人进入网吧的有关规定外，还要从其他方面采取措施，如研究开发定时终止网络游戏的软件，供家庭和社会使用，以解决网瘾问题。

● 2006 年 11 月 6 日，盛大互动娱乐有限公司售出盛大持有的新浪公司的普通股。

盛大互动娱乐有限公司宣布已与 Citigroup Global Market Inc. 签订一份协议，售出盛大持有的新浪公司（NASDAQ：SINA）总计3 703 487 股普通股。实际上这已经是盛大在 2006 年第二次卖出新浪的股票，2006 年 4 月，盛大曾通过二级市场，卖给德国基金投资人迈克尔·J·G·格莱瑟（Michael J·G·Gleissner）大约 343 万股。

● 2006 年 11 月 20 日，香港中华网（中华网科技公司）以 1.35 亿美元将 17game 关联交易到美国中华网（CDC）名下，为其单独上市进行最后准备。

据香港中华网公告披露，17game 计划在此后 12 个月内在英国、纳斯达克或联交所上市。

● 2006 年 11 月 24 日，第九城市与百事可乐正式宣布，将进行市场合作，推广新网络游戏《激战》。

双方将在网吧渠道、活动赞助和用户互动等方面展开合作。从游戏内测起至正式收费商业化运营，双方将联合在全国推出超过 1 万个“百事—激战主题网吧”，进行联合促销及推广活动。另外，双方也将大规模投放各类媒体广告，联合举办电子竞技比赛。

● 2006 年 11 月 27 日，盛大总裁唐骏赴美进行路演，向美国金融界说明盛大的新商业模式。此后，盛大的股价开始回升。

● 2006 年 12 月 9 日，新闻出版总署音像电子和网络出版管理司召开共同探讨如何戒除网瘾、正确对待网络游戏的座谈会。

为化解家长和孩子以及游戏厂商间的矛盾，加强彼此间的沟通理解，新闻出版总署音像电子和网络出版管理司召开座谈会，邀请家长、专家、网民、厂商代表共同探讨如何戒除网瘾、正确对待网络游戏。与会代表认为，随着产业政策不断调整、各部门间的配合及社会各界的关注，游戏行业的健康因素会不断增加，负面因素的消除也会更快。音像电子和网络出版管理司有关领导表示，今后针对网络游戏产业中出现的不同问题，还将采取多种形式来进行交流，共同探讨解决之道。

● 2007 年 1 月 8 日，网易、盛大、九城、金山、腾讯五家企业发出联合声明，打击虚拟财产盗窃行为。

声明反对一切破坏网络游戏秩序的行为，包括第三方支付平台上虚拟物品的非法交易，呼吁立法机构、执法部门与互联网企业，切实打击虚拟财产盗窃的犯罪行为，维护游戏产业健康发展。此外，声明还呼吁相关管理部门对 C2C 平台交易网络虚拟财产加快立法步伐，加大监管的力度，杜绝不法分子利用 C2C 个人电子商务交易平台销赃，建议成立“打击网络盗窃产业联盟”。

● 2007 年 1 月 10 日，金山软件宣布与 ZCOM 联合运营《剑侠情缘 ZCOM 特别版》。

金山软件与国内最大的电子杂志门户旗舰网站 ZCOM 成为合作伙伴。双方在网络游戏联合运营方面达成深度合作，联合推出《剑侠情缘 ZCOM 特别版》。该产品于 2007 年 1 月 12 日正式上线，永久免费运营。

● 2007 年 1 月 11 日，第五届 IT 风云榜揭晓。

第五届 IT 风云榜由新浪网、天极网、《21 世纪经济报道》联合主办。征途网络董事长史玉柱凭借《征途》在 2006 年的卓越表现，当选 2006 年度 IT 十大风云人物。这也是史玉柱继当选 Donews 评出的 2006 年十大 IT 人物、百度评出的 2006 年度最受关注的十大企业家之后，再次获得年度 IT 类专业奖项。

● 2007 年 1 月 11 日，中视网元与日本光荣公司召开新闻发布会，宣布建立合作发行单机游戏关系。

发布会上，双方表示将就在中国发行光荣公司的单机游戏展开合作。新闻出版总署、国家广电总局、国家版权保护中心、日本大使馆等政府领导和代表出席发布会，对双方的合作表示祝贺，期望双方在未来共同努力发展中国游戏产业和促进中日文化交流。

● 2007 年 1 月 17 日，“2006 年度中国游戏产业年会”在成都国际会议展览中心隆重开幕。

成都市副市长赵小维，新闻出版总署音像电子和网络出版管理司司长王国庆、副司长寇晓伟，信息产业部电子信息产品管理司副司长陈英，以及中共中央宣传部出版局、公安部十一局、国家邮政局邮政储汇局、四川省新闻出版局有关领导出席了会议。开幕式上，寇晓伟副司长对中国游戏产业的发展作了总结和展望，他认为中国游戏产业 2006 年的发展呈现出六大亮点：一是国产原创力量进一步扩大，民族网络游戏继续占据主导地位；二是民族网络游戏“走出去”战略初战告捷；三是“免费模式”获得成功，市场增长强劲，超出预期；四是企业盈利能力普遍增强，形成梯形结构；五是休闲游戏带来丰厚收益，成为游戏市场主要支柱之一；六是大兴网络文明风气，游戏企业的社会形象有所改善。网络游戏媒体化进程加速、体育休闲游戏将成为热点产品、网络游戏与电子竞技实现完美结合、手机游戏快速发展是 2007 年度中国游戏产业发展的四大趋势。

● 2007 年 1 月 25 日，公安部、文化部、信息产业部、新闻出版总署联合发出《关于规范网络游戏经营秩序　查禁利用网络游戏赌博的通知》。

《通知》要求，各地主管部门要监督网络游戏服务商依法开展经营活动，防止为网络赌博活动提供便利条件，要求网络游戏服务商不得收取或以“虚拟货币”等方式变相收取与游戏输赢相关的佣金；开设使用游戏积分押输赢、竞猜等游戏的，要设置用户每局、每日游戏积分输赢数量，不得提供游戏积分交易、兑换或以“虚拟货币”等方式变相兑换现金、财物的服务，不得提供用户间赠与、转让等游戏积分转账服务。

● 2007 年 3 月 5 日，美国《商业周刊》首次评选出“中国最重要十大上市公司”。

中国移动、盛大、联想、中石油等不同行业的代表性企业入选“中国最重要十大上市公司”，这是美国媒体第一次对在美国和中国香港等地不同资本市场上市的中国公司进行综合点评。

● 2007 年 3 月 22 日，第三批“中国民族网络游戏出版工程”选题论证工作启动。

申报第三批“中国民族网络游戏出版工程”选题的游戏企业达 46 家，网络游戏选题达 54 款。自新闻出版总署 2004 年发出《关于实施“中国民族网络游戏出版工程”的通知》以来，先后有 3 批共 61 种网络游戏选题入选中国民族网络游戏工程。中国民族网络游戏工程的实施，有力地促进了中国原创网络游戏出版产业的繁荣发展，使国产原创网络游戏作品成为主流，中国民族原创网络游戏产业的整体竞争力显著提高。

● 2007 年 4 月 6 日，久游网宣布与大宇资讯股份有限公司签订产品运营合作协议。

久游网宣布与台湾地区著名游戏企业大宇资讯股份有限公司正式签约，获得了该公司研发的《仙剑奇侠传》和《大富翁》的 PC 网络游戏版本《仙剑奇侠传 Online》和《大富翁 Online（.Net 版）》在中国大陆的独家运营权，而本次签约系台湾大宇资讯股份有限公司首次授权中国大陆网络游戏出版运营商独家运营。

● 2007 年 4 月 15 日，新闻出版总署、中央文明办、教育部、团中央、信息产业部、公安部、全国妇联、中国关心下一代工作委员会等八部委联合发出《关于保护未成年人身心健康　实施网络游戏防沉迷系统的通知》。

《通知》要求，所有在中国上市的网络游戏必须于 2007 年 4 月 15 日—6 月 15 日按照《网络游戏防沉迷系统开发标准》对各个网络游戏的防沉迷系统进行开发，6 月 15 日—7 月 15 日是一个月的系统测试期，从 7 月 16 日开始，所有防沉迷系统全部启动，拒不启用者不得上市。新闻出版总署音像电子和网络出版管理司表示，该系统将针对所有在中国运营的网络游戏，不仅包括大型网络游戏，还包括各类休闲网络游戏。

该系统针对未成年人沉迷网络游戏的诱因，利用技术手段对未成年人在线游戏时间予以限制，成为实施“文明办网、文明上网”的实际举措之一。该系统的推出将引导青少年培养良好的上网习惯，具有深远意义。

启用网络游戏防沉迷系统是解决未成年人沉迷网络游戏问题的一项长效措施，取得了较好的阶段性工作成效：一是未成年人在线游戏时间明显减少，这表明运用网络游戏防沉迷系统解决未成年人网瘾问题，保护未成年人身心健康的目的已初步达到，网络游戏防沉迷工作也得到了社会各界的好评。二是使未成年人切身感觉到来自党和国家的关心，同时，在网络游戏防沉迷系统的反复提示下，未成年人科学上网的意识和自觉性显著提高。三是网络游戏运营厂商的社会责任感明显加强。虽然启用网络游戏防沉迷系统增加了企业成本，甚至降低了企业的收入，但这个工作让网络游戏企业普遍认识到“保护未成年人健康上网是企业应当担负的社会责任”。四是启用网络游戏防沉迷系统是网络监管的创新之举，既针对网络游戏的特点，又适度地满足未成年人健康成长的需求。运用技术手段实现行政监管，在国内外属首创，英、韩等国正在对此进行研究和借鉴。五是网络游戏防沉迷系统的实施，在全社会中产生了广泛、深刻的影响，使社会各界更加重视加强网络文明建设，保护未成人身心健康。

● 2007年5月16日，香港财华社集团宣布收购杭州天畅网络。

香港财华社集团宣布以1.5亿元收购杭州天畅网络，进入中国网络游戏产业。

● 2007年5月21日，第九城市和美国艺电公司（EA）联合宣布双方已就股权投资达成协议。

根据协议，股权投资完成后，EA将持有第九城市约15%的普通股股份，投资金额约为1.67亿美元。第九城市同时还宣布了在中国独家代理运营EA《Sports FIFA Online》的合作协议。

● 2007年5月23日，盛大网络宣布已出售剩余新浪股份。

盛大网络在公开市场出售剩余的新浪股份，获收益2 330万美元。至此，盛大结束了与新浪之间从2005年开始的收购大战，盛大通过三次抛售新浪股票累计获利超过7 000万美元。

● 2007年5月30日，嘉游网被宣布终止运营。

世嘉（中国）正式宣布嘉游网终止运营，网站将于2007年8月30日正式停止运营，届时，嘉游网在中国区的服务器组将全部停止运行。

● 2007年6月7日，暴雪娱乐、第九城市及英特尔公司宣布联合行销、通力合作。

暴雪娱乐和第九城市携手英特尔公司联合宣布，三方将在品牌合作和市场营销等方面通力合作，联合推广即将推出的《魔兽世界》资料片《燃烧的远征》，此举将成为“跨行业合作”的又一里程碑式的创新和突破。

● 2007年6月8日，盛大公司的《传奇世界》和《疯狂赛车》打入越南市场。

盛大网络与越南VTC Intecom公司签署代理协议，越方在其本土代理盛大公司自主研发的《传奇世界》和《疯狂赛车》。此外，这两款游戏还将由香港 CSOFT 公司负责在中国香港和澳门地区运营。

● 2007 年 6 月 15 日，盛宣鸣公司呈无法运营状态被曝光。

《大航海时代 Online》运营商盛宣鸣公司发生剧烈人事动荡被曝光，约有 70%的员工离职。由于其旗下游戏运营状况不佳，盛宣鸣公司的母公司丰元信集团停止了市场推广资金的投入，导致游戏无法继续运营。

● 2007 年 7 月 5 日，盛大网络宣布收购成都锦天科技发展有限责任公司。

成都锦天科技发展有限责任公司自主开发和运营了两款国产的 3D 大型多人角色扮演游戏《风云 Online》和《传说 Online》。

● 2007 年 7 月 8 日，久游网取消了新股发行的计划。

2007 年 7 月 8 日，据日本媒体报道，日本大阪证券交易所表示，将暂缓久游网的上市进程。根据此前计划，久游网预计将于 2007 年 7 月 12 日登陆大阪证交所创业板，由于与 T3 就《劲舞团》运营权事宜发生了法律诉讼，久游网董事会已取消了新股发行的计划。

● 2007 年 7 月 11 日，盛大在第五届 China Joy 高峰论坛上宣布推出“风云计划”、“18 计划”、“20 计划”。

“风云计划”是盛大对开发了具有前景产品的网络游戏开发商或者运营企业投资的计划。“18 计划”，即盛大专门设立总资金为 30 亿元人民币的“18 基金”，采取专业的基金运作模式，由专业化的基金经理管理，选择项目或产品进行投资。“20 计划”即盛大吸引优秀游戏开发人才加盟，并愿提供高达 20%的分成。这些计划的目的是邀请优秀游戏人才加盟盛大，为创业者提供投资，吸纳国内优秀的网络游戏创新成果。

● 2007 年 7 月 12—15 日，第五届 China Joy 在上海新国际展览

中心隆重开幕。

本届 China Joy 在得到广大用户密切关注的同时，也引起了更多海外媒体和用户的重视，观众人数再次刷新纪录，达到 173 383 人，其中海外观众人数为 4 832 人，专业观众 11 016 人，媒体 1 867 人，普通观众 155 668 人。

China Joy 是继美国 E3 展、日本东京电玩展之后的又一同类型互动娱乐大展。这一由中国政府相关行业主管部门支持举办的行业盛会意在逐步加强中国国内电子娱乐产品行业管理，积极规范电子和网络出版物市场，严厉打击盗版及非法复制行为，进一步支持、鼓励正当经营和正版电子娱乐产品的生产、销售，为推动中国电子娱乐产品市场的健康、有序发展提供宣传的平台。在促进中外优秀电子娱乐产品贸易、学术交流的同时，展览会的组委会希望通过此项活动来协助国家政府部门共同引导青少年健康使用电子和网络游戏出版产品，鼓励国民参与抵制盗版电子出版物，使国内企业制作的具有中国特色的优秀电子娱乐产品在全国乃至国际范围内得以推广，在国际上树立中国电子出版物知识产权保护的新形象，让世界了解中国。展会在展示新产品、传播新技术的同时，也能成为中国政府机构传达产业政策，获取市场信息，了解产业发展状况以及吸收国内外企业意见、建议的窗口。展会对中国数码互动娱乐产业的健康、规范和快速发展起到积极的作用。

展会每年都会吸引来自欧洲、美洲、日本、韩国、东南亚各国、中国大陆以及中国台湾、中国香港等国家和地区从事数码互动娱乐业的厂家会聚在上海。本届展会展览面积达到 30 000 平方米，参展公司包括美国 EA 公司、Intel 公司、摩托罗拉公司，日本 Sony 公司、Konami 公司、SEGA 公司，法国育碧软件、In-Fusio 公司，韩国 Wemade 公司、Webzen 公司、SIDUS 公司，香港贸易发展局，澳大利亚 Bigworld 公司，加拿大 ATI 公司，中国大陆的第九城市、上海盛大、征途科技、上海光通娱乐、世纪天成、天联世纪、网易、搜狐、盛宣鸣、悠游网、腾讯、金山等国内外知名企业。展会期间举办了诸多大型活动。此次 China Joy 充分展示了国际最前沿的数码互动娱乐产品和技术，同时，全球产业界的专业人士也将针对中国数码互动娱乐产业的现状及未来发展趋势各抒己见。

- 2007 年 7 月 16 日，“网络游戏防沉迷系统”正式上线。

2007 年 7 月 16 日，由新闻出版总署、公安部、教育部、信息产业部等八部委联合推行的“网络游戏防沉迷系统”正式在全国网络游戏中全面投入使用。在“网络游戏防沉迷系统”上线后，未成年人游戏时间超过 3 小时，游戏就会自动提示用户经验值及收益将减半；超过 5 小时，经验值及收益为零，目的是以网络技术来防止未成年人沉迷于网络游戏。

网络游戏是指利用互联网进行在线运营的各类互联网游戏出版物，包括自主开发和从境外引进的游戏出版物。各网络游戏运营企业必须严格按照《网络游戏防沉迷系统开发标准》在所有网络游戏中开发设置网络游戏防沉迷系统，并严格按照配套的《网络游戏防沉迷系统实名认证方案》加以实施。

网络游戏防沉迷系统及配套的《网络游戏防沉迷系统实名认证方案》定于 2007 年 4 月 15 日起实施，2007 年 4 月 15 日—6 月 15 日为系统开发时间，2007 年 6 月 15 日—7 月 15 日为系统测试时间。2007 年 7 月 16 日正式投入使用前已经公开测试运营的网络游戏按上述时间执行；2007 年 7 月 16 日后公开测试运营的网络游戏，必须按照《网络游戏防沉迷系统开发标准》和《网络游戏防沉迷系统实名认证方案》先行开发完成并同步实施，否则不予审批或备案，也不准公开测试运营。所有网络游戏运营企业必须严格按照《网络游戏防沉迷系统开发标准》和《网络游戏防沉迷系统实名认证方案》进行开发部署，不得随意更改实施方式，扩大或缩小系统功能权限等，违者将按照有关法律法规予以查处，并停止其网络游戏出版运营和相关互联网接入服务，直至取消其相关许可。

根据《关于开发网络游戏〈防沉迷系统〉的通知》，各地新闻出版行政部门要加强对网络游戏出版运营企业的监督管理，督促各企业做好开发推广工作，并对实施情况进行监督；教育部、共青团、妇联等部门要采取各种方式，引导未成年人合理安排学习、生活、娱乐，养成文明健康的上网习惯，切实推进“健康上网，拒绝沉迷——帮助未成年人戒除网瘾行动”，并做好有关宣传咨询、心理引导和效果评估等工作；通信管理部门要按照《关于印发〈互联网站管理协调工作方案〉的通知》（信部联电［2006］121号）协助有关部门依法做好相关网站管理工作；公安部门要配合有关部门做好网络游戏实名身份信息验证工作，保障网络游戏防沉迷系统针对未成年人发挥应有的作用。

由于防沉迷系统仅针对于未成年人，所以网络游戏实名制认证方案也将随之执行，所有未通过认证以及被确认为未成年人的用户，都将被纳入防沉迷系统进行监管。与此同时，网络游戏查询系统也将被纳入游戏防沉迷系统开发中，届时，家长可通过查询系统对子女的游戏情况进行查询。同时，相关的后续监管和惩罚措施将会陆续出台，对于不执行防沉迷系统的网络游戏，相关部门将会采取严格的惩罚措施，严重的甚至会停止其运营。

- 2007年7月18日，中华网络游戏集团宣布已收购网络游戏出版运营商光通通信。

原中信泰富旗下的光通通信是知名网络游戏出版运营商，成功运营了《传奇3》、《神泣》和《星战前夜（Eve）》等游戏。光通通信拥有超过4 300万的注册用户。完成收购后，中华网络游戏集团将拥有超过9 000万的注册用户。

- 2007年7月26日，完美时空（NASDAQ：PWRD）在纳斯

达克市场挂牌交易。

完美时空股票发行价16美元，开盘价17.5美元，融资约1.88亿美元。据悉，完美时空的IPO承销商包括摩根士丹利、瑞士信贷、CIBC世界市场以及SIG。对于完美时空的成功上市，业内人士表示，这证明资本市场再度恢复对游戏产业的信心。

- 2007年8月14日，北京北大方正电子有限公司宣布已对美国暴雪娱乐有限公司提起侵权诉讼。

方正电子称暴雪在中国运营的《魔兽世界》未经方正电子许可，大量复制、使用了方正电子自主研发、编写、集合而成的方正字库中的方正北魏楷书、方正剪纸、方正细黑等五款方正字体，侵犯了方正电子根据《中华人民共和国著作权法》对方正字库享有的著作权。

此案已被北京市高级人民法院正式受理，索赔金额达1亿元人民币。本案索赔金额巨大，堪称2007年中国法院受理的IT行业知识产权第一案，也是中国加入WTO以来中国公司向外国公司就知识产权侵权进行索赔标的额最大的知识产权案之一。

- 2007年8月，久游网撤销上市申请。

久游网大股东中科英华高技术股份有限公司发表公告，称久游网董事会因商业环境的变化决定撤销久游网的上市申请，大阪交易所已于2007年8月17日批准久游网董事会撤销上市的申请。此前，中国网络游戏出版运营商久游网的大阪创业板上市申请曾获批，并确定了正式挂牌日期为2007年7月12日，承销商为摩根士丹利、日本证券公司及其他七家证券公司，融资规模为1.6亿美元。

由于两个月来久游网与T3及Yedang两家韩国公司发生法律纠纷，导致其目前商业环境发生较大变化。为保障投资股东的利益，久游网作出了撤销上市申请的决定，并表示不会对其正常运营产生影响，公司的业务及利润仍将保持快速增长，在本次纠纷获得解决后，将再次考虑上市问题。

● 2007年8月27日，首届中国游戏开发者大会（China GDC）在上海国际会议中心隆重开幕。

China GDC是由新闻出版总署倡导并支持的国内最权威的游戏开发者会议，也是新闻出版总署作为游戏行业主管部门推动中国原创民族游戏产业发展的重要措施之一，该大会由北京汉威信恒展览有限公司、IDG爱奇会展有限公司联合主办，IDG美国国际数据集团和美国CMP技术集团为国际战略合作伙伴，是继中国国际数码互动娱乐产品及技术应用展览会（China Joy）、中国游戏产业年会（CGIAC）之外，又一个国际型的重要游戏开发专业盛会。600多位来自世界各地的游戏开发领域精英会聚上海国际会议中心，就在线游戏开发和业务外包、次世代游戏、手机游戏、人才交流等当今热门话题展开讨论。China GDC的召开有利于提升中国游戏企业的开发水平，对中国企业掌握、增强核心开发技术，发展民族原创游戏，具有战略意义。

● 2007年9月13日，久游网续约《劲舞团》。

久游网与韩国Yedang Online、韩国T3 Entertainment达成协议，久游网运营《劲舞团》时间延长至2010年8月。

● 2007年9月14日，上海软星解散。

2007年9月13日，《仙剑奇侠传3》研发方上海软星对外宣布与北京软星研发部门合并，现有游戏的开发和维护由合并后的北京软星承接。2007年9月14日，上海软星正式解散，官方论坛也随之关闭。

● 2007年10月9日，金山软件（3888.HK）在香港联交所挂牌上市。

金山软件承销商包括德意志银行、雷曼兄弟等，每股发行价3.6港元，融资净额6.261亿港元。首日开盘价3.9港元，比发行价高出8.33%。据了解，金山将把融资所得的1.7亿港元用于招聘研发人员，并斥资 7 600 万港元用于海外业务拓展。

● 2007 年 11 月 1 日，2007 年度 China Joy“金翎奖”揭晓。

此次“金翎奖”评选涵盖包括网络游戏、单机游戏、手机游戏和游戏动漫媒体在内的四大类 20 个奖项，采用用户参与的投票形式，投票自 2007 年 8 月 15 日正式启动至 10 月 10 日止，总投票数超过 100 万票。所有投票均来自全国各地的游戏用户及游戏爱好者。由于评选的结果具有客观的代表性，因此“金翎奖”引起了各界的广泛关注，中共中央宣传部、新闻出版总署、信息产业部、国务院信息化工作办公室、国家广电总局、国家体育总局、北京市市委宣传部、北京市新闻出版局有关领导，以及来自各大游戏公司和相关产业企业的高级管理人员、游戏行业专业人士、用户代表 500 余人出席颁奖典礼，近百家游戏和大众媒体的 170 余名记者对颁奖典礼进行了报道。

● 2007 年 11 月 1 日，巨人网络公司在美国纽约交易所上市。

巨人网络公司（NYSE：GA）成为继网易、盛大、九城和完美时空后，又一家登陆美国资本市场的中国网络游戏出版运营商，也是在美国上市的规模最大的中国民营企业。承销商为美林银行和瑞士银行。

● 2007 年 11 月 2 日，网龙公司在香港联合交易所有限公司创业板上市。

网龙公司（股票代号：8288）此次集资所得款项净额相当于约 11.74 亿元港币，将主要用于进一步加强集团核心游戏开发能力，进一步提升集团的整合运营模式，丰富集团产品组合及延长游戏市场周期，通过收购或对外合作以扩充集团业务，提升集团的企业形象及宣传集团的游戏。余下所得款项净额将用作集团的一般运营资金。

● 2007 年 11 月 7 日，盛大宣布将投资 NCsoft China。

盛大投资 NCsoft 的中国子公司 NCsoft China，成为 NCsoft China 的战略投资者。此外，盛大还取得韩国游戏开发商和发行商 NCsoft 开发的 3D 大型网络游戏《AION》在中国的独家运营权，预计于 2008 年下半年在中国展开内测。

● 2007 年 12 月，维旺迪收购 Activision。

暴雪的母公司维旺迪正式收购 Activision。维旺迪公司所有游戏业务全部并入 Activision，Activision 与暴雪重组成为新的“Activision 暴雪”公司。维旺迪为此次收购支付 98 亿美元，获得 Activision 公司 52%的股份。按照这一价格，合并后新公司的市场估值高达 189 亿美元，并有望打破 EA 在视频游戏领域的垄断地位，成为全球最大的独立视频游戏发行商。暴雪（中国）声称，此次合并不会对九城运营的由暴雪开发的《魔兽世界》的业务造成任何波动，九城也对《魔兽世界》未来的经营权表示出充分的信心。

● 2007 年 12 月 20 日，雷军宣布辞去金山软件总裁兼 CEO 职务。

金山软件雷军因健康原因辞去总裁兼 CEO 职务，同时留任执行董事、董事会副主席及战略委员会主席。董事会主席求伯君将出任代理 CEO。金山董事会已批准成立特别委员会，负责挑选下一任 CEO，委员由求伯君、雷军、许达来、张荣宗、鲁光明组成，雷军出任主席。同时，金山宣布提升王东晖、葛珂、邹涛为高级副总裁，继续推进金山应用软件和网络游戏业务的发展。

● 2008 年 1 月 2 日，网易杭州研发中心正式投入建设。

网易杭州研发中心预计耗资 3 亿元，将主要着力于网络游戏、相册和博客等互联网核心技术的开发和新产品运营。据网易 CEO 丁磊介绍，网易计划于未来 3～5 年内组建规模达 3 000～4 000 人的研发队伍。这意味着，杭州研发中心将是网易规划中最大的研发中心，规模将超过网易在北京、广州等地的研发部门。

● 2008年1月8日，联众世界宣布收购TOM在线游戏频道和其大型网络游戏合作运营平台。

联众世界当日发公告称，已与TOM在线达成深度战略合作，将全面进驻TOM游戏资讯频道。这也是在TOM在线宣布放弃门户定位后，首个被变相收购的部门。

● 2008年1月10日起的中国南方大雪造成中国网络游戏的收入波动。

2008年1月10日起，中国南方大雪造成南方数省受灾，其中作为网络游戏大省的湖南、江苏、安徽、广东等地的灾情最为严重。大雪在对当地运输、供电等造成影响的同时，对网络游戏产业也造成了一定程度的影响。据海外投行预计，此场雪灾造成中国网络游戏在线人数和收入产生5%～10%的波动。

● 2008年1月16日，2007年度中国游戏产业年会在苏州国际博览中心大礼堂隆重开幕。

江苏省苏州市副市长王鸿声、中国版协常务副主席兼秘书长刘波、新闻出版总署音像电子和网络出版管理司副司长寇晓伟、信息产业部电子信息产品管理司副司长陈英、江苏省新闻出版局副局长沈建国、国家体育总局王伟处长，以及中共中央宣传部政策研究室、教育部基础教育司、国家体育总局办公厅有关领导出席了此次会议。来自中国大陆、香港和台湾的游戏企业、行业协会和媒体的500多位代表参加了会议。本次年会由中国电子信息产业发展研究院副院长、赛迪传媒董事长李颖主持，王鸿声副市长、刘波常务副主席兼秘书长致辞，寇晓伟副司长、陈英副司长等做重要发言。

2007年度中国游戏产业年会突出主题“民族·绿色·原创，开创网络文化建设新局面”，倡导游戏企业自主创新，鼓励创作精品游戏，推进和谐产业环境建设，促进我国游戏产业又好又快发展。会上发布了《2007年中国游戏产业报告（摘要版）》，显示2007年我国游戏产业保持了快速、持续增长的态势。

● 2008 年 1 月，久游网宣布与日本 BANDAI（万代）集团的韩国分公司 BANDAI KOREA 正式签署代理协议。

久游网在上海总部宣布，已与日本最大的玩具动漫、游戏综合性企业 BANDAI（万代）集团的韩国分公司 BANDAI KOREA 正式签署代理协议，获得改编自人气科幻动漫《机动战士高达》的动作类对战休闲网络游戏《SD Gundam Capsule Fighter Online》在中国内地和香港、澳门地区的独家运营权。

● 2008 年 1 月 22 日，由盛大投资的 In-Game Media 网络游戏传媒在北京成立。

盛大投资的 In-Game Media 网络游戏传媒在北京正式宣布成立，这意味着盛大正通过其控股公司布局网络游戏内置广告市场。

● 2008 年 2 月 19 日，完美时空同马来西亚著名网络游戏运营商 Cubinet 签署了新授权协议。

根据协议，Cubinet 获得了完美时空旗下网络游戏《武林外传》在越南，以及《诛仙》在越南、泰国、马来西亚和新加坡的运营授权。

● 2008 年 3 月 6 日，EA 中国证实再度任命新任总经理。

简士轩（Jason Chein）被任命为新任 EA 中国总经理，此前他曾是微软 Xbox 360 亚太区负责人。简士轩早在 2007 年年底就已经接替陈继钧（Frank Chen）成为 EA 中国的总经理，正式的任命时间大约在 2008 年 1 月。这是 EA 进入中国以来任命的第四位中国区负责人。

● 2008 年 3 月 19 日，完美时空正式宣布购买大型写字楼。

2008 年 3 月 19 日，完美时空宣布已签署协议购买坐落于北京市朝阳区、面积大约为55 000 平方米的写字楼。总购买金额约为 7 亿元人民币，其中 55%的款项于 2008 年第一季度支付，大部分剩余款项于2008年第二季度支付。新购买的写字楼将作为公司的主要办公场所，以满足公司业务和人员扩张的需要。公司在完成相关房地产登记手续后将获得该写字楼的所有权及使用权。

● 2008年3月26日，第九城市宣布任命陈晓薇为公司总裁。

陈晓薇在加入第九城市之前是中华网科技公司及中华网络游戏集团总裁，此次加盟第九城市将担任公司总裁。朱骏将继续担任董事长兼CEO。

● 2008年4月3日，盛大宣布总裁唐骏离职。

盛大在宣布总裁唐骏离职的同时任命了新的管理层名单。其中，任命谭群钊为公司总裁兼CTO，陈大年为公司首席运营官，李瑜为盛大游戏事业部首席执行官，凌海为盛大游戏事业部总裁，王静颖为盛大在线事业部首席执行官等。

● 2008年4月16日，盛大宣布与印度游戏公司达成合作。

盛大互动娱乐有限公司与印度游戏公司Zapak Digital Entertainment Limited达成合作，将盛大自主研发的竞速网络游戏《疯狂赛车》输出到印度市场。这是中国网络游戏首次进入印度市场。

● 2008年4月22日，完美时空宣布对成都逸海情天数字娱乐有限公司进行战略性投资。

完美时空以300万美元购入成都逸海情天数字娱乐有限公司部分股权，对其进行战略性投资。逸海情天为一家拥有丰富的大型网络游戏设计和开发经验的高科技企业，曾成功开发著名的2D回合制MMORPG《倚天剑与屠龙刀》。逸海情天在Java技术研发上有着非常成熟的技术和经验。

● 2008年4月22日，百度公司宣布进军网络游戏产业。

百度公司宣布其与网络游戏公司联合运营的游戏娱乐平台正式上线，首批与百度合作的网络游戏是《纵横天下》等七款网页游戏。

● 2008年4月25日，中国工商银行股份有限公司与网龙公司举行了信用卡首发仪式。

中国工商银行股份有限公司与网龙公司在北京举行了“牡丹网龙信用卡”首发仪式，正式推出国内首张银联标准网络游戏联名信用卡。此举标志着国内信用卡行业与网络游戏行业携手开展深度战略合作，联手打造网络游戏信用卡的开始。

- 2008 年 4 月，完美时空公司成立全资子公司。

完美时空公司宣布，在美国成立全资子公司 Perfect World Entertainment Inc.，首先开始在美国本土运营《完美世界国际版》，这是完美时空公司继进军日、韩、东南亚后首次进入北美市场。

- 2008 年 5 月，美国休闲游戏开发公司在中国设立工作室。

美国休闲游戏开发公司 Popcap 在中国上海设立了中国工作室，这是该公司在全球开设的第六个工作室。

- 2008 年 5 月 7 日，香港财华社宣布成立网络游戏运营公司。

香港财华社宣布在上海成立一家网络游戏运营公司——龙游天下，专事代理运营自主开发的以及其他公司开发的网络游戏。

- 2008 年 5 月 12 日汶川特大地震，游戏厂商捐款总额超亿元。

2008 年 5 月 12 日 14 时 28 分，四川汶川县发生 8.0 级特大强震，社会各界纷纷向灾区伸出援手，网络游戏企业捐赠金额超过 1 亿元。

- 2008 年 5 月 13 日，蓝港在线宣布再次获得资金投资。

蓝港在线正式对外宣布获得北极光创投、NEA 两家风险投资机构共计 2 500 万美元的联合投资。这是继 2007 年 5 月蓝港在线获得 IDG VC 的 1 000 万美元风险投资后，蓝港在线获得的第二笔风险投资。

该笔投资为近 5 年来网络游戏企业获得的最大一笔风险投资，投资方之一的 NEA 是美国最大风险投资机构，该笔投资亦为其在华首次涉足网络游戏行业投资。

此次获得的巨额投资，将主要用于深入平台级技术研发、招募顶尖游戏设计人才、展开大规模市场营销，以及进一步加大运营服务投入。蓝港在线董事长兼CEO王峰表示："蓝港在线计划在年内招募300名游戏设计人才，并建立2 000～3 000人规模的网络游戏营销队伍。"

• 2008年5月14日，韩国SK电讯投资中国网络游戏开发商趣味第一公司。

中国网络游戏开发商趣味第一公司获得韩国SK电讯投资，SK电讯的投资额超过1 500万美元，融资完成后中方依然是公司的大股东，董事长和CEO人选并未改变。

• 2008年5月19日上午起，全国游戏企业在哀悼日期间停止服务。

新闻出版总署就"全国哀悼日期间停止游戏服务"向全国各游戏企业发出紧急电话通知，要求在全国哀悼期间（2008年5月19—21日）停止向公众提供游戏服务、游戏宣传推广活动，并向用户做好解释说明和维护秩序工作。

• 2008年5月28日，第四批入选"中国民族网络游戏出版工程"选题的名单公布。

新闻出版总署公布了第四批入选"中国民族网络游戏出版工程"选题的名单，共有25款网络游戏入选。新闻出版总署自2004年8月正式启动"中国民族网络游戏出版工程"以来，已连续三次组织了入围"中国民族网络游戏出版工程"的评审工作，共61款原创民族网络游戏选题列入了"中国民族网络游戏出版工程"并投入出版运营，获得了良好的经济效益和社会反响。2008年1月，新闻出版总署组织开展了第四批"中国民族网络游戏出版工程"项目的申报与论证工作。由教育部门、团中央、行业协会、专业媒体、出版界等方面的资深代表组成的专家论证委员会，对55家企业申报的

75款原创网络游戏选题进行了充分评议，确定《大话西游3》等25款网络游戏作为第四批项目入选“中国民族网络游戏出版工程”。

● 2008年6月2日，金山软件公布求伯君担任CEO的任命。

金山软件公告称，求伯君正式担任公司的CEO一职，这也意味着自2007年12月底雷军离职、求伯君任代理CEO一职后，求伯君正式走到台前执掌帅印。

● 2008年6月10日，中国移动开始接受第一批手机网络游戏的入网运营申请，此举标志手机网络游戏运营时代的来临。

据中国移动颁布的手机网络游戏管理规则，符合要求的SP可于每月10日前申报，每个SP每月最多申报1款手机网络游戏，每家SP同时运营的手机网络游戏不得超过2款。

中国移动审批手机网络游戏的流程是：首先进行为期1周的功能测试，取前4名进行为期3个月的市场公测，通过市场公测的手机网络游戏还须通过中国移动组织的复核后方可正式上线计费。

据中国移动的规定，用户在使用手机网络游戏前必须先充值，手机游戏的计费方式为点数计费：用户以话费换取点数，再以点数购买道具、游戏时间等。

此外，中国移动还给SP们制定了资费指导价格，SP收取的业务资费如果超过指导价格，将被强制下线。

● 2008年6月13日，暴雪娱乐和第九城市宣布将与招商银行进行品牌合作和市场营销。

暴雪娱乐和第九城市，携手国内最知名的银行之一招商银行在中国上海联合宣布，三方将在品牌和市场营销等方面通力合作，发行并联合推广《魔兽世界》联名信用卡。这次合作除了极大地为《魔兽世界》用户带来优惠与便利外，更首创了“认同营销”这一新模式，成为中国网络游戏“异业合作”的又一里程碑式的创新和突破。

● 2008 年 6 月 17 日，腾讯宣布将收购印度 MIH 公司。

腾讯在港交所发布公告，宣布将投资 750 万美元收购印度 MIH 公司。这是腾讯通向海外市场的首次尝试。

根据公告，腾讯在 2008 年 6 月 17 日与 MIH 环球网络公司签订特许协议，并与 MIH India Holdings 及 MIH 环球网络订立购股权协议。根据特许协议，腾讯同意授予 MIH 环球网络一项可在印度境内使用及授权最终用户使用特许材料的不可撤销、永久性及免特许费的特许权。根据购股权协议，MIH 环球网络公司同意授予腾讯按行使价最多认购全部股权的不可撤销购股权。如果腾讯全面行使购股权，这将使腾讯在 MIH 环球网络公司的持股量为 50％减一股股份。截至 2008 年 3 月 31 日，MIH 环球网络公司的总资产约为人民币 5 282 万元，而 MIH India Holdings 的负债净额则为人民币 1.221 亿元。

● 2008 年 6 月 24 日，网龙网络有限公司在香港联交所从创业板转至主板上市。

网龙已于 2008 年 6 月 23 日香港创业板营业时间结束时，退出香港创业板，并于 6 月 24 日 9 时 30 分在香港联交所举行主板上市挂牌仪式。

● 2008 年 7 月 1 日，巨人公司与 51.com 达成投资协议。

巨人科技有限公司与 51.com 宣布，双方已达成一项最终投资协议，巨人公司将斥资约 5 100 万美元现金收购 51.com 25％的股权。

● 2008 年 7 月 4 日，上海盛大网络发展有限公司宣布成立盛大文学有限公司。

原新浪副总编辑侯小强出任盛大刚刚成立的盛大文学有限公司 CEO，起点中文网创始人吴文辉出任盛大文学总裁。继对“盛大游戏”（SDG）和“盛大在线”（SDO）两个事业部进行企业化管理之后，盛大的新业务板块“盛大文学”浮出水面，标志着盛大正式进入集团化发展的轨道。

盛大文学下属的全资公司和投资公司有：起点中文网（www.qidian.com）、晋江原创网（www.jjwxc.net）、红袖添香网站（www.hongxiu.com）。

● 2008年7月7日，第九城市宣布与韩国著名开发商T3共同成立合资公司。

国内领先的网络游戏开发商和运营商第九城市宣布，与韩国著名开发商T3共同成立合资公司，将进一步加深双方在游戏开发和发行等领域的合作。据悉，第九城市和T3成立的新合资公司除了将继续研发AUDITION系列之外，还将共同研发和推出其他一系列面向国际市场的高水准的游戏。

● 2008年7月16日，新闻出版总署与上海市政府签署协议，在浦东张江建设国家数字出版基地。

据上海市副市长沈晓明透露，新闻出版总署与上海市政府签署协议，在浦东张江建设国家数字出版基地。据透露，2007年上海网络游戏产业规模为63.7亿元人民币，年增幅超过30%。

● 2008年7月17—19日，第六届中国国际数码互动娱乐产品及技术应用展览会（China Joy 2008）在上海举行。

2008年7月17—19日，第六届中国国际数码互动娱乐产品及技术应用展览会在上海新国际博览中心如期举行。在这三天中，近200家国内外数码互动娱乐产业企业的近400款游戏作品以及开发工具等相关产品在本次展会上展示，来自国内外的近11万名观众莅临展会。在本届展会的观众中，专业观众8 340人次，海外专业观众936名，外埠专业观众8 340名，各类媒体记者1 743人次。

与往届相比，第六届China Joy的“国际味道”更加浓厚。世界各地的知名游戏行业组织和著名国际游戏企业都以非常积极的姿态参与了展会。此外，展会还吸引了 Intel、ATI、NVIDIA、摩托罗拉、诺基亚等电子、数码产品以及移动娱乐产品著名生产商，使 China Joy 的国际影响力大大拓展。

● 2008 年 7 月 18 日，中国移动颁布新规定对手机游戏总量进行限制。

来自中国移动的新规定通知，移动梦网旗下的游戏频道和百宝箱将从 2008 年 8 月 1 日开始屏蔽超过数量限制的单机游戏，并要求各 SP 在 2008 年 7 月 31 日前对游戏业务数量进行梳理。百宝箱游戏总量将被减少近 80%，2/3 手机游戏的 SP 前景堪虞。

● 2008 年 7 月 18 日，EA 公司宣布将《NBA Street Online》在华运营权授予天游公司。

天游公司宣布已获得 EA 公司旗下网络游戏巨作《NBA Street Online》在国内的独家运营权。同时，国内互联网巨擘腾讯也加盟协议，成为这款游戏在国内运营的市场合作伙伴。

● 2008 年 7 月 24 日，中国互联网络信息中心（CNNIC）发布了《第 22 次中国互联网络发展状况统计报告》。

《第 22 次中国互联网络发展状况统计报告》显示，网络游戏在中国网络应用中排名第七位，2008 年 6 月的网民使用率为 58.3%，用户规模达到 1.47 亿人。中国的网络游戏用户众多，美国同期的网络游戏使用率为 35%，远低于中国。

报告称，中国网络游戏网民中玩角色扮演类网络游戏的比例约为 53%，此类网络游戏用户规模已达到 7 815 万人。调查显示，玩角色扮演类网络游戏的用户，每周平均玩游戏的时间为 11.9 个小时，用户玩此类游戏时间的差别比较大，游戏时长标准差达到 14.3 个小时/周。这些用户中，以每周游戏时间为 1～10 个小时的网民比例最高。

● 2008 年 7 月 28 日，搜狐公司宣布注册网络游戏业务新公司。

搜狐公司披露已经将其网络游戏业务在开曼群岛注册了畅游公司，并已经以非公开的方式向 SEC 提交了 IPO 计划。搜狐公司表示正等待 SEC 的意见，有关畅游上市所发行的股票数量、金额、发行商等都未确定，还没有具体时间表。

● 2008 年 8 月 13 日，网易宣布引进美国暴雪娱乐旗下的游戏《星际争霸Ⅱ》及战网。

网易宣布正式将美国暴雪娱乐旗下的重磅级游戏《星际争霸Ⅱ》及战网引入中国。除了《星际争霸Ⅱ》之外，网易的关联公司上海网之易公司还获得了《魔兽争霸Ⅲ：混乱之治》、《魔兽争霸Ⅲ：冰封王座》，以及为上述游戏提供在线多人互动服务的战网平台在中国内地的独家运营权。网易与暴雪还就此成立合资公司，以提供游戏运营的技术支持等服务，为国内用户提供一流的游戏体验。

根据双方合同，许可权从《星际争霸Ⅱ》在中国内地正式商业运作开始，将为期三年，双方可以自愿续约一年。根据协定，上海网之易公司将在许可期内支付依收入额计算的版税，而网易公司将分阶段支付一笔许可费，并且为与合资公司有关的特定付款以及经营支出提供资金及担保。

● 2008 年 8 月 13 日，浦东法院就第九城市的游戏诉讼作出一审判决。

网络游戏《魔兽世界》玩家周徐军状告九城一案玩家胜诉。浦东法院判决要求上海九城信息技术有限公司恢复用户账号下的游戏角色和全部装备，并负担诉讼费用。此举表明，运营商不能以游戏 Bug 为由，随意冻结用户的账号。

● 2008 年 9 月 8 日，搜狐游戏正式宣布代理运营网络游戏《剑仙》。

搜狐游戏正式宣布代理运营网络游戏《剑仙》，同时表示将采用永久免费的运营模式。这也是继成功运营自主研发网络游戏《天龙八部》后，搜狐游戏在代理方面的重要举措。

● 2008年9月16日，网龙网络有限公司宣布荣获“中国互联网行业自律贡献奖”。

网龙网络有限公司宣布，集团旗下企业福建网龙计算机网络信息技术有限公司荣获由中国互联网协会颁发的2008年度“中国互联网行业自律贡献奖”。“中国互联网行业自律贡献奖”自2005年设立以来，每年度评选一次，每次评选不超过20个单位或个人，综合反映互联网企业或个人最近一年度（自上一年7月1日至本年6月30日）在互联网行业自律方面的实绩和贡献，促进互联网行业健康、有序、协调、可持续发展。

● 2008年9月27日，巨人公司发展模式开始进行转型。

2008年9月27日，巨人公司宣布推出《征途》（怀旧版），逐步放弃“开箱子”等非日常消费所获得的收益，转变到基本依靠日常消费维持业绩成长的发展模式。

● 2008年9月28日，国家税务总局公布了《关于个人通过网络买卖虚拟货币取得收入征收个人所得税问题的批复》。

这项批复的公布，意味着国内个人通过网络收购用户的虚拟货币，加价后向他人出售取得的收入，必须缴纳个人所得税。

针对北京市地方税务局《关于个人通过网络销售虚拟货币取得收入计征个人所得税问题的请示》，国家税务总局作出上述批复，明确规定个人通过网络收购用户的虚拟货币，加价后向他人出售取得的收入，属于个人所得税应税所得，应按照“财产转让所得”项目计算缴纳个人所得税。

与此同时，国家税务总局强调，个人销售虚拟货币的财产原价值，为其收购网络虚拟货币所支付的价款和相关税费。对于个人不能提供有关财产原价值凭证的，由主管税务机关核定其财产原价值。

● 2008年10月7日，盛大网络承诺不裁员。

盛大网络董事长陈天桥公开表示，在全球金融危机的时刻，盛大承诺不减少战略投资、不裁员、不降薪资。

● 2008年10月15日，“金翎奖”投奖封票。

历经8周的2008 China Joy年度优秀游戏评选——“金翎奖”于2008年10月15日中午12:00准时封票，本届“金翎奖”评选活动参评游戏167款，参评媒体63家，参评公会143个，包括网络游戏、单机、手机、媒体和公会在内的共计105个奖项。

● 2008年10月23—26日，第六届中国国际网络文化博览会在北京展览馆举行。

本届博览会由文化部、科学技术部、工业和信息化部、国家广播电影电视总局、新闻出版总署、国务院新闻办公室、共青团中央、北京市政府共同主办，由文化部文化市场发展中心承办，由北京中文发国际文化交流有限公司运营。

本届网络文化博览会在举办大规模展览的同时，举办了“网络文化高峰论坛”和丰富多彩的主题活动。主题活动包括“网络文学经典盛会”、“网络音乐盛典”、“中国国际网络文化博览会吉祥物设计征集”。

● 2008年10月27日，“世界知识产权组织版权创意金奖（中国）”表彰大会在北京举行。

由国家版权局组织召开的“世界知识产权组织版权创意金奖（中国）”表彰大会在北京隆重举行。国内互动娱乐产业领先企业盛大网络获得了本年度创意金奖的桂冠。据悉，盛大网络在过去一年多的时间内，制定并推广“三大计划”，旨在推动国内创意文化的发展，大力扶持中小创意团队的成长。其中，“18基金”总斥资高达30亿元人民币，目前已有20个成型项目，催生了一系列原创知识版权。

● 2008 年 10 月 27 日，完美时空与台湾昱泉国际旗下子公司签订合作协议。

完美时空与台湾昱泉国际旗下子公司签订协议，获得了《流星 Online》以及《笑傲江湖 Online》的发行权及销售独占许可。此外，完美时空还将获取使用昱泉跨平台游戏开发引擎的许可。这份协议总金额大约为 1 500 万美元。

● 2008 年 10 月 29 日，完美时空公司产品成功签约日本。

完美时空公司宣布公司旗下三国历史题材 3D MMORPG《赤壁》近日成功签约日本 C&C Media Company Limited，正式进入日本市场。同时，这也是完美时空旗下继《完美世界国际版》、《武林外传》和《诛仙》之后，第四款登陆日本的网络游戏产品。

● 2008 年 10 月，国家税务总局：虚拟物品交易征收个人所得税。

国家税务总局在给北京地税的批复中指出，通过买卖虚拟货币的创收应照个人所得税征收，由此引发虚拟世界征税的讨论。北京地方税务局认为，应该按照所得的 20%或者交易额的 3%征收个人所得税。

● 2008 年 11 月 8 日，我国首个《网络成瘾临床诊断标准》在京通过专家论证。

由北京军区总医院制定的我国首个《网络成瘾临床诊断标准》在京通过专家论证。玩网络游戏成瘾被正式纳入精神病诊断范畴。这意味着我国医学界诊断“网瘾”将实行标准化，“网瘾”也首次被该标准列为精神疾病治疗范围。

北京军区总医院医学成瘾科主任陶然说，网络成瘾是指个体反复过度使用网络导致的一种精神行为障碍，分为网络游戏成瘾、网络色情成瘾、网络关系成瘾、网络信息成瘾、网络交易成瘾等五类，其中以网络游戏成瘾居多，占 82%。症状界定有七项标准，其中一项量化的指标是平均每天连续使用网络达到或超过 6 小时，而且这种症状达到或者超过3个月。其后果可导致患者性格内向、自卑、与家人对抗及其他精神心理问题，出现心境障碍，如对自己的学业及工作前途感到悲观、情绪低落、做事没有兴趣等，部分患者还会产生社交恐惧症等。

● 2008年11月，麒麟游戏宣布获得1 500万美元融资。

北京麒麟网信息科技有限公司宣布，获得1 500万美元的融资。参与本轮投资的是深圳创新投公司、北京华汇通公司，以及小象投资三家投资方。这是该公司继去年获得天使投资的4 000万元人民币融资之后的第二轮融资。

● 2008年11月11日，久游网宣布增资日本子公司。

互动娱乐社区2.0运营商久游网于上海总部宣布，作为积极开拓海外市场的中长期经营战略的最新举措之一，久游网将于年内正式进军日本网络游戏运营市场。久游网近期已对其日本子公司进行了一轮增资并正式将其更名为五星娱乐株式会社（Five Star Online Entertainment Co. Ltd.），公司总部位于东京最具时尚特色的涩谷车站附近。五星娱乐株式会社将以网络游戏运营及研发作为其主要业务内容，完全独立经营，除研发业务已经于夏季正式启动外，网络游戏运营业务也将于年内正式启动。

● 2008年11月19日，多位中央部委领导到网龙网络有限公司视察。

2008年11月19日，文化部、新闻出版总署、中共中央宣传部的多位领导来到中国领先的网络游戏开发及运营商——网龙网络有限公司视察，对网龙坚持自主创新，推动国产网络游戏走向世界舞台的成绩给予了充分肯定，并鼓励网龙再接再厉，继续进取。

● 2008年11月28日，千橡互动对外公布针对网页游戏的“V计划”。

该计划称将动用5亿元人民币作为资金，用于支持中小型网页游戏研发团队和收购代理产品。这也是自千橡互动于2008年4月获得4.3亿美元融资之后，首度对外宣布的大笔资金动用。

● 2008年12月2日，盛大宣布投资两家网页游戏公司——上海维莱和上海猜趣。

盛大网络发展有限公司正式宣布，通过旗下盛大游戏有限公司的“18基金”战略投资上海维莱信息科技有限公司和上海猜趣网络科技有限公司，以拓宽网页游戏产品线。

● 2008年12月2日，网龙网络有限公司宣布与沃尔特·迪士尼公司签订合作协议。

网龙网络有限公司宣布，与全球家庭娱乐和传媒巨头沃尔特·迪士尼公司签订协议，获得中国首个迪士尼题材大型角色扮演类网络游戏《金色幻想Online》的开发权及运营权，该游戏将于2009年上半年面世。

● 2008年12月8日，完美时空公告称出资2 300万美元收购台湾游戏公司昱泉国际。

完美时空公司已经与台湾游戏开发商昱泉国际股份有限公司的子公司Global InterServ (B. V. I.) Inc. 以及Global InterServ (Caymans) Inc. 签订了一份股份购买协议。根据该股份购买协议，昱泉（作为昱泉开曼所有股份的实益持有人）同意将其持有的昱泉开曼的全部股份出售给完美时空，完美时空已同意按大约为2 300万美元的总收购款购买该股份。该交易完成后，昱泉开曼将成为完美时空的全资子公司。

● 2008年12月，韩国游戏大厂要求调查中国外挂公司。

韩国游戏大厂NCsoft要求韩警方调查8家网络游戏外挂程序制造或销售从业者，被调查的8家厂商涉及制造或贩售《AION》、《天堂》、《天堂2》的自动外挂程序。NCsoft表示，将寻求方法针对海外如中国的外挂制造商采取有效手段。

NCsoft 表示，要求调查的理由主要在于制造与贩售非法外挂程序，会使一般正常玩家的游戏公平性与平衡性受到影响，对玩家乐趣产生剥夺感。

● 2008 年 12 月，PPS 宣布进军国内网页游戏市场。

视频网络开始寻求多种盈利模式。网络视频 PPS 对外宣布，公司已通过与《三国之群雄崛起》游戏制作方联合运营的方式，正式进军国内网页游戏市场。预计今后每 1～2 个月都会跟进一款合作游戏，借助 PPS 自身的平台及用户优势，与游戏厂商共同发展。

● 2008 年 12 月 17 日，国家新闻出版总署副署长孙寿山在北京表示，到 2008 年年底，整个新闻出版业的产值将达到 8 000 亿元人民币，占 GDP 的 3.02%。

孙寿山 17 日在第三届北京文博会“企业文化与品牌创意国际论坛”上介绍，1978—2007 年，中国的图书产品从 12 886 万种增加到 274 376 万种，增加 20 多倍，报纸、期刊的品种分别 增加近 10.2 倍和 15.8 倍。

目前，中国已经基本形成了以图书、报纸、期刊、音像、电子、网络等媒体的出版、印刷、复制、发行、运营等为主，包括出版教育、出版科研、版权代理、出版物资供应、出版物进出口等门类完整的产业体系，产业规模、生产能力持续扩大。

据中国出版科学研究所预测，2020 年中国出版业增加值将达到 8 000 亿元人民币左右，出版业作为演艺业、影视业、动漫业等文化产业内容的重要源头，将日益成为文化大繁荣、大发展的孵化器、助推器，也必将成为文化软实力的重要组成部分和支柱产业。

● 2008 年 12 月 19 日，第七届亚洲游戏展在港开锣，共有 56 个展商参加。

第七届亚洲游戏展从 2008 年 12 月 19 日起在香港会展中心举行。本届游戏展共有 56 个参展商，较 2007 年增加 20%，还新增设一个中国馆，共有10家内地电玩游戏公司来港参与。

● 2008年12月29日，《现代汉语常用词表（草案）》发布，“网络游戏”等新词被收录。

2008年12月29日，国家语言文字工作委员会发布《现代汉语常用词表（草案）》，这是国家语言文字工作委员会以“中国语言生活绿皮书”A系列名义发布的第一个“软性”规范。值得注意的是，《词表（草案）》还反映了当代社会生活的许多新事物、新现象、新观念，如“博导”、“彩民”、“泡吧”、“抢滩”、“私企”、“双学位”、“磁悬浮”、“软着陆”、“网络”、“网吧”、“网民”、“网管”、“网站”、“网址”、“网络游戏”、“电子出版物”等。

图书在版编目（CIP）数据

2009年中国游戏产业报告（摘要版）/中国版协游戏工委，国际数据公司（IDC）编.
北京：中国人民大学出版社，2010
ISBN 978-7-300-13046-0

Ⅰ.①2…
Ⅱ.①中… ②国…
Ⅲ.①互联网络-游戏-产业-研究报告-中国-2009
Ⅳ.①G899-29

中国版本图书馆CIP数据核字（2010）第226401号

2009年中国游戏产业报告（摘要版）
中国版协游戏工委
国际数据公司（IDC）

出版发行	中国人民大学出版社		
社　　址	北京中关村大街31号	**邮政编码**	100080
电　　话	010－62511242（总编室）		010－62511398（质管部）
	010－82501766（邮购部）		010－62514148（门市部）
	010－62515195（发行公司）		010－62515275（盗版举报）
网　　址	http：//www.crup.com.cn		
	http：//www.ttrnet.com（人大教研网）		
经　　销	新华书店		
印　　刷	北京华联印刷有限公司		
规　　格	185 mm×260 mm　16开本	**版　　次**	2010年12月第1版
印　　张	15　插页3	**印　　次**	2010年12月第1次印刷
字　　数	174 000	**定　　价**	158.00元